だれにでもわかる文法と発音の基本ルール

ゼロからスタート ドイツ語

音声ダウンロード付

文法編

田中　雅敏
Tanaka Masatoshi

Jリサーチ出版

ドイツ語の世界へようこそ

ドイツ語ってどんな言葉？

　「アルバイト先の面接で、いまゼミで扱っているテーマ『エネルギーとリュックサック』の話をしたら、何それ？　面白いね、と言ってもらえたよ」…アルバイト、ゼミ（ゼミナール）、テーマ、エネルギー、リュックサックは、どれもドイツ語由来のものです。日本語には、音楽・哲学・法律・医学・山岳に関する用語などで比較的ドイツ語が入っているため、単語レベルでは馴染みがある外国語のひとつかもしれません。しかし、文レベルでどのような言語かと問われると、なかなかイメージは湧かないかもしれません。

　ドイツ語は、ドイツ連邦共和国（面積は日本の国土の94.5％）、オーストリア共和国（北海道とほぼ同じ）、スイス連邦（九州と同じくらい）、リヒテンシュタイン公国（小豆島にほぼ相当）が公用語としています（その他に、ベルギー王国とルクセンブルク大公国も公用語の1つに指定）。ゲルマン語の系統で、英語とドイツ語は共通の先祖を持っています。6世紀頃にスイスやオーストリアなどドイツ語圏の南部で生まれ、現在のドイツ中部あたりまで北上した言語変化を経験したドイツ語と、それを経験しなかった英語（・オランダ語・低地ドイツ語）に分けることができます。

英語		ドイツ語
open / up	→	offen / auf
water / eat	→	Wasser / essen
book / make	→	Buch / machen

　ドイツ語では、「枠構造」という、動詞の位置を固定して空いたスペースに語句を配置する、というシステムをとっています。"主語が必ず動詞の前に来る"というルールはなく、強調したいことを（それが主語であっても）文の後方に置く特徴があります。豊かな名詞の格変化でもって、文のどこにあっても、名詞の働きはわかります。

本書でも、この「枠構造」の理解（「文型編」）から始め、動詞を配置しながら文のサイズを拡張していき（「動詞編」）、空いたスペースに名詞を配置する練習（「名詞編」）ができるように工夫されています。ぜひとも、このドイツ語のダイナミックな文法の面白さを感じとっていただきたいと思います。

ドイツ語を学ぶとどんないいことがある？

　海外旅行先としては、『グリム童話』の数々の舞台や、ブランデンブルク門やロマンチック街道、ノイシュヴァーンシュタイン城、ケルン大聖堂（以上、ドイツ連邦共和国）、映画『サウンド・オブ・ミュージック』の舞台、ハルシュタット湖畔の街並み、ウィーン王宮、シュテファン大聖堂（以上、オーストリア共和国）、児童書『アルプスの少女ハイジ』の舞台、登山鉄道、氷河急行、数多くの湖水都市（以上、スイス連邦）など、ドイツ語圏の国々は常に人気上位に入っているようです。

　ドイツ語圏で英語が通じないことは少ないですが、レストランでも売店でもスーパーでも、ドイツ語で挨拶や注文をすると、店員さんの目がパッと輝きます（場合によっては、愛想もよくなることも！）。想像してみると、私たちが日本にいて外国の方をおもてなしする場合にも、訪問客の方々が日本語にチャレンジしてくださったら、こちらも温かい気持ちになりますよね。同じことが海外でも言えます。

　また、英語が通じるからと言っても、当地の「地域言語」を使ったほうが、得られる情報や体験の質・量は格段にアップします。その意味で、英語も「地域言語」のひとつであって、やはり英語圏でこそ、最も役に立ちます。ドイツ語もまたしかりで、ぜひドイツ語圏で使っていただきたいと思います。

　それでは、ドイツ語の扉を開いてみましょう。

著者

目　次

本書のねらいと特徴

　この本は、初めてドイツ語を学ぶ人のための入門書です。本書では、次の2つを主なねらいとしました。

ねらい1　文構造のパターンを概観した後、動詞編・名詞編・前置詞編・形容詞編を進み、使える表現を増やしていく。

ねらい2　文法項目をスモールステップで、一つ一つしっかり定着させる。

　ドイツ語入門者の皆さまに**ドイツ語の仕組み**を知っていただくのに効果的と考えたアプローチです。最初に、動詞を軸に基本的な文の形をおぼえます。それによって、新しい語彙や文法知識を得るごとに、より早い段階から文として表現できる仕掛けになっています。

スモールステップを一つずつ着実に

　現在形だけなく過去形や完了形も使え、また、受動文も使えるように、まずは練習します（**動詞編**）。枠組みがつかめたら、後は名詞に添える定冠詞や不定冠詞、所有冠詞などで伝え方のバリエーションをつけることを学びます（**名詞編**）。さらに前置詞句で文を副詞的に飾ったり（**前置詞編**）、名詞を形容詞で飾る（**形容詞編**）ことも学びます。

　それぞれのパートの文法項目は、ステップを短く区切りながら、進めていきます（ねらい2）。基本を確認しながら、定着した知識の上に、さらに次の項目の学びを載せていく、というイメージで組み立てています。

ドイツ語学習の土台づくりをする————————

　本書が扱う文法事項は限定してあります。いわゆる初級文法の4分の3程度です。たとえば、関係代名詞は扱っていませんが、関係文を用いずとも、単文を重ねて表現することもできます。複雑な構造を駆使して表現する中級レベルにステップアップされたい場合には、本書の世界から次のステップに飛び出していただければと思います。

　扱う文法を絞ってあることで、本書の内容が薄いということはありません。文法は「そういうものなので覚えるしかない」という部分もありますが、本書では文法ルールを「公式」として示しつつ、なぜそのような公式になるのかをひも解くような、やや詳しい解説もしています。

　練習問題は、短く簡潔な文ながら、日常的に使える、あるいは少なくとも使う場面が想像できるような実用的な文を示すことを心がけました。

　本書を手にとってくださる皆さまが、ドイツ語圏に行かれて、本書で学んだ例文を実践しながら、豊かな時間を過ごされますように願っております。

子音のカタカナ表記について
日本語の音韻体系は【子音＋母音】でセットになりますが、ドイツ語では Strand (本書 170 頁) のように、母音1つに対してその前後に子音が5つ並ぶような語もあり、日本語とは決定的に違います。子音単音をカナ表記できないところですが、視認性を考えまして、本書ではあえて原音に最も近くなる形でカナ表記を試みています (Strand のルビは「Stラント」とすべきところ「シュトゥラント」)。

本書の使い方

本書では、各編を通じて初級の重要項目を「文法公式」として掲げ、学習の道標としています。要点の確認・整理にお役立てください。

文字と発音編 ドイツ語の文字と音の関係、母音と子音の特徴やパターンについて学習します。ドイツ語のリズムや響きに徐々に慣れていきましょう。

音声が収録されていることを示すマークです。数字はトラック番号です。ダウンロードの方法については p.10 をご覧ください。

例文

この課で学習する項目に関連した例文です。音声を聴きながら、自分でも声に出して言ってみましょう。
発音の補助に、読み方のヒントをカタカナで振ってあります（実際の音を正確に表したものではなく、あくまで目安です）。

注意点など、適宜、ひと言説明を添えています。

Einheit 18　1格の用法とシグナル語尾
▶その子はその本を買います

Einheit 6 ～ 8 で見た動詞の項構造においても、主語は必ず必要でした。どの動詞にも主語は必要ですので、1格の名詞句は大切です。

DL-38

❶ Der Mann kauft den Stift.
デア　　マン　　カォフト　　デン　　シュティフト

男性名詞の主語には男性名詞1格のシグナル語尾

❷ Die Frau nimmt die Straßenbahn.
ディー　　フラォ　　ニムト　　ディー　　シュトラーセンバーン

女性名詞の主語には女性名詞1格のシグナル語尾

❸ Das Kind kauft das Buch.
ダス　　キント　　カォフト　　ダス　　ブーフ

中性名詞の主語には中性名詞1格のシグナル語尾

❹ Das freut mich.
ダス　　フロイト　　ミヒ

指示代名詞の das。中性名詞1格のシグナル語尾

文型編 動詞編 名詞編 前置詞編 形容詞・副詞編

まず「文型編」でドイツ語の基本的な文の型をつかみます。その後、動詞、名詞、前置詞、
形容詞・副詞それぞれの重要項目を確認しながら、「文型編」で得た基本の枠組みに
落とし込むように理解していきます。初級の学習を少しずつ積み上げながら、同時に
実践力を着々と身につけていきます。

1格の用法とシグナル語尾

💡 学習のポイント

① 名詞の文法上の性
② 人称代名詞
③ 1格の用法とシグナル

| 学習のポイント |

課で学習する主な項目を
掲げています。

Einheit 18

日本語訳

❶ その男性は、そのペンを買います。

❷ その女性は、路面電車を使います。

❸ その子は、その本を買います。

❹ それは私を喜ばせます。(=うれしいです。)

| Wortschatz |

上記の例文で使われる
単語を紹介します。音声
が収録されています。名
詞については、M（男性
名詞）、F（女性名詞）、
N（中性名詞）を表示し
ています。

Wortschatz

名詞

□ **Mann** [man] … **M** 男性
  マン

□ **Frau** [frau] … **F** 女性
  フラオ

□ **Kind** [kɪnt] … **N** 子供
  キント

□ **Stift** [ʃtɪft] … **M** 筆記具・ペン
  シュティフト

□ **Straßenbahn** [ʃtráːsənbaːn]
  シュトラーセンバーン … **F** 路面電車

□ **Buch** [buːx] … **N** 本
  ブーフ

動詞

□ **kaufen** [káufən] … ～を買う
  カオフェン

□ **freuen** [frɔ́yən] … ～を喜ばせる
  フロイェン

代名詞

□ **mich** [mɪç] … 私を
  ミヒ

131

| 復習ドリル | 学習の進行に沿って数回分設けています。
学習したことを忘れないよう、要点を再確認しましょう。

9

──音声ダウンロードのご案内──

STEP1. 商品ページにアクセス！　方法は次の３通り！

- QRコードを読み取ってアクセス。
- https://www.jresearch.co.jp/book/b577368.html を入力してアクセス。
- Jリサーチ出版のホームページ (https://www.jresearch.co.jp/) にアクセスして、「キーワード」に書籍名を入れて検索。

STEP2. ページ内にある「音声ダウンロード」ボタンをクリック！

STEP3. ユーザー名「1001」、パスワード「25199」を入力！

STEP4. 音声の利用方法は２通り！　学習スタイルに合わせた方法でお聴きください！

- 「音声ファイル一括ダウンロード」より、ファイルをダウンロードして聴く。
- ▶ボタンを押して、その場で再生して聴く。

※ダウンロードした音声ファイルは、パソコン・スマートフォンなどでお聴きいただくことができます。一括ダウンロードの音声ファイルは.zip形式で圧縮してあります。解凍してご利用ください。ファイルの解凍が上手く出来ない場合は、直接の音声再生も可能です。

音声ダウンロードについてのお問い合せ先:toiawase@jresearch.co.jp(受付時間：平日９時～18時)

文字と発音編

アルファベットの読み方がそのまま発音にもなる（つづりと音の関係が１：１対応）ドイツ語は、日本人にとって親しみやすい言語です。公式に沿って、ドイツ語のリズムとアクセントを身につけましょう。

ドイツ語のつづりと発音

音声
ダウンロード
付
DL-2

❗公式 1 つづりと音の関係は素直に

ドイツ語は、アルファベットの読み方とそれが単語の中で発音される音（音価）が1：1対応です。アルファベット（字母）は26文字ですが、特殊文字が4つあり、全部で30個の文字を使います。30個の一覧と読み方は次の通りです。

字母	読み方	音価	例
A/a	アー	[a]	**Apfel**（リンゴ） アプフェル
B/b	ベー	[b]	**Bus**（バス） ブス
C/c	ツェー	[ts]	**Cent**（セント） ツェント
D/d	デー	[d]	**Denkmal**（記念碑） デンクマール
E/e	エー	[e]	**Engel**（天使） エンゲル
F/f	エフ	[f]	**fünf**（5） フュンフ
G/g	ゲー	[g]	**Gott**（神） ゴット
H/h	ハー	[h]	**Hotel**（ホテル） ホテル
I/i	イー	[i]	**Igel**（ハリネズミ） イーゲル
J/j	ヨット	[j]	**Japan**（日本） ヤーパン
K/k	カー	[k]	**Kuh**（雌牛） クー
L/l	エル	[l]	**Lunge**（肺） ルンゲ
M/m	エム	[m]	**Mond**（月） モーント

字母	読み方	音価	例
N/n	エン	[n]	**Nonne**（修道女） ノンネ
O/o	オー	[o]	**Opfer**（犠牲者） オプファー
P/p	ペー	[p]	**Pinguin**（ペンギン） ピングイーン
Q/q	クー	[kv]	**Quelle**（泉） クヴェレ ※ qu の組み合わせのみ
R/r	エァ	[r]	**Rotwein**（赤ワイン） ロートヴァイン
S/s	エス	[s]	**Obst**（果物） オープスト
T/t	テー	[t]	**Tee**（お茶・紅茶） テー
U/u	ウー	[u]	**Ufer**（岸） ウーファー
V/v	ファォ	[f]	**vier**（4） フィーア
W/w	ヴェー	[v]	**Wein**（ワイン） ヴァイン
X/x	イクス	[ks]	**Examen**（修了試験） エクサーメン
Y/y	ユプスィロン	[y]	**Typ**（タイプ） テュープ
Z/z	ツェット	[ts]	**Zoo**（動物園） ツォー
Ä/ä	アー・ ウムラォト	[ɛ]	**Ägypten**（エジプト） エギュプテン
Ö/ö	エー・ ウムラォト	[ø]	**Österreich**（オーストリア） エースタァライヒ
Ü/ü	ウー・ ウムラォト	[y]	**Übung**（練習） ユーブング
ß/ß	エスツェット	[s]	**Fußball**（サッカー） フースバル

（例）**Danke.** [dáŋkə] ありがとう。
ダンケ

　dan·ke と 2 音節に分かれ、「ダン・ケ」となります。発音はつづりの通り素直に読めば大丈夫です。

13

Einheit 2 アクセントと母音の長短

音声ダウンロード付
DL-4

! 公式 2 アクセントと母音の長短

　日本語は高低アクセントであるのに対し、ドイツ語の場合は英語と同じく**強弱アクセント**です。母音のところで強弱をつけながら、音の調子を作ります。強く発音する「強勢」は、ドイツ語では第一音節に固定されています（「**語頭アクセント**」といいます）。強く発音すると、自然とその音は長くなります。「強く、長く」です。逆に言うと、強勢のない弱い母音は短くしか発音できません（「弱く、短く」）。

Japan [já:pan]　日本　　**Fuß** [fu:s]　足　　**Igel** [í:gəl]　ハリネズミ
ヤーパン　　　　　　　　　フース　　　　　　イーゲル

　また、**母音 +h** は、常に長音になります。

Wiedersehen また会うこと
ヴィーダァゼーエン

　母音は、口の中で息の流れがせき止められない音です。一方、子音は、歯の裏側で舌先を使って息を止めたり、唇を閉じてからポンと音を弾けさせたりして、口の中のどこかで息の流れを切ることができる遮断音です。遮断音である子音が2つ以上連続した場合、その直前では母音は短くなります。

Blick [blɪk]　視線　　　　**Macht** [maxt]　権力
ブリック　　　　　　　　　　マハト

Hemmung [hémʊŋ]　阻害　　**Gott** [gɔt]　神
ヘムング　　　　　　　　　　ゴット

Einheit 3 母音と子音

DL-5

! 公式 3 母音の種類

　ドイツ語には、母音が 11 個あります。基礎母音が5つ（[i], [e], [a], [o], [u]）と、変母音（ウムラォト*）が3つ（[ɛ], [ø], [y]）、二重母音が3つ（[ɑɪ], [i:], [ɔʏ]）です。それぞれ、つづりと音が対応しています。

　基礎母音の配置は図1、変母音の配置は図2を見てください。

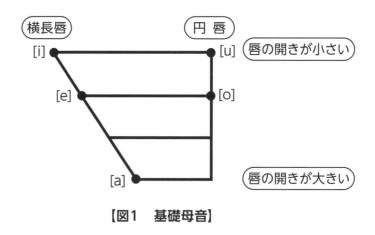

【図1　基礎母音】

母音 [i]…唇を横に広く、縦には狭くします。

母音 [e]…唇を横に引っ張るイメージで、口は [i] よりはやや開きます。

母音 [a]…口の緊張がもっとも緩むイメージです。口を大きく開きます。

母音 [u]…唇を突き出し、しっかりと丸めます。

母音 [o]…[u] よりはやや口が開くものの、唇はしっかりと突き出します。

＊ウムラォト…ä, ü, ö の3つの母音です。母音 a, u, o が i や e のほうに引きつけられた音（変母音）です。ae, ue, oe で代用表記することもできます。

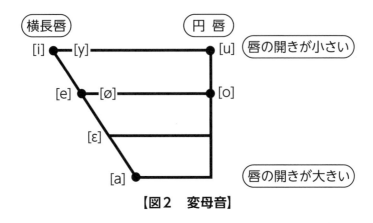

【図2　変母音】

ウムラォトは母音を [e] または [i] に近づける現象です：
変母音 [ε]（アー・ウムラォト）・・・[a] の口の形で [e] と言います。
変母音 [ø]（オー・ウムラォト）・・・[o] の口の形で [e] と言います。
変母音 [y]（ウー・ウムラォト）・・・[u] の口の形で [i] と言います。

《二重母音》
二重母音は、特定の組み合わせで音が決まっており、例外はありません：
ei, ai, ay……[aɪ]

（例）　Ei　卵　　drei　3　　Bayern　バイエルン（都市名）
　　　　アイ　　　ドゥライ　　バィアーン

ie……[iː]

（例）　vier　4　　sieben　7　　Fieber　発熱
　　　　フィーァ　　ズィーベン　　フィーバー

eu, äu……[ɔY]

（例）　Leute　人々　　Euro　ユーロ　　Häuser　家〔複数〕
　　　　ロィテ　　　　　オィロ　　　　ホィザー

アクセントのない ie は、短母音になるため、i と e をそれぞれ短母音で
読みます。

（例）　Familie　家族
　　　　ファミーリエ
　　　　※参考：Batterie　バテリー（アクセントがあるので長音になる）

！ 公式 **4** 子音の種類

子音も、基本的には字母（アルファベット）の読み方がそのまま音価になります。

J → <u>J</u>apan　日本
　　　ヤーパン

V → <u>v</u>ier　4
　　　フィーァ

Z → <u>Z</u>oo　動物園
　　　ツォー

W → <u>W</u>iedersehen　また会うこと
　　　ヴィーダァゼーエン

注意が必要なのは、下記のつづりです。

・qu [kv]　　　（例）<u>Qu</u>alität　クオリティ
　　　　　　　　　　　<u>クヴ</u>ァリテート

・ß = ss [s]　　（例）Fu<u>ß</u>　足　　　　　　　Gru<u>ß</u>　あいさつ
　　　　　　　　　　　フー<u>ス</u>　　　　　　　　グルー<u>ス</u>

・sch [ʃ]　　　（例）<u>Sch</u>ule　学校　　　　　Ent·<u>sch</u>uldigung　許し
　　　　　　　　　　　<u>シュー</u>レ　　　　　　　エント<u>シュ</u>ルディグング

・tsch [tʃ]　　（例）Deu<u>tsch</u>　ドイツ語
　　　　　　　　　　　ドィッ<u>チュ</u>

・母音の前の ti [tsi]（例）Pa<u>ti</u>ent　患者
　　　　　　　　　　　　パ<u>ツィ</u>エント（外来語なのでアクセントが後ろ）

・s+ 母音 [z]　（例）<u>S</u>achertorte　ザッハトルテ
　　　　　　　　　　　<u>ザ</u>ッハトァテ

・語尾の -ig [ɪç]　（例）Kön<u>ig</u>　王
　　　　　　　　　　　　ケー<u>ニヒ</u>

・ch [ç]　　　（例）Mil<u>ch</u>　牛乳　　　　　<u>Ch</u>ina　中国
　　　　　　　　　　　ミル<u>ヒ</u>　　　　　　　　<u>ヒ</u>ーナ

ただし、a, o, u, au の後ろでは [x]

（例）Ba<u>ch</u> 小川　　To<u>ch</u>ter 娘　　Bu<u>ch</u> 本　　Lau<u>ch</u> ネギ
　　　バッ<u>ハ</u>　　　ト<u>ホ</u>タァ　　　ブー<u>フ</u>　　ラォ<u>ホ</u>

・語末の -er（強勢がない）は母音化（語頭アクセントの裏返し→公式２参照）

　（例）　Vat<u>er</u> 父　　　Wass<u>er</u> 水　　　Wied<u>er</u>sehen また会うこと
　　　　　ファー<u>タァ</u>　　　ヴァッ<u>サァ</u>　　　ヴィー<u>ダァ</u>ゼーエン

・語末・音節末の有声音（強勢がない）は、無声音化
　有声音 ⇔ 無声音
　　[b]　　　　[p]　　　（例）Ha<u>b</u>sburg ハプスブルク
　　　　　　　　　　　　　　　ハー<u>プ</u>スブァク

　　[d]　　　　[t]　　　（例）Dachshun<u>d</u> ダックスフント
　　　　　　　　　　　　　　　ダックスフン<u>ト</u>

　　[g]　　　　[k]　　　（例）Guten Ta<u>g</u>! こんにちは！
　　　　　　　　　　　　　　　グーテン ター<u>ク</u>

音声
ダウンロード
付

DL-7

✎ **復習ドリル**

練習1 　次の下線部のうち、他と性質の異なるものが一つあります。
　　　　それを選びましょう。

1 ア **Burg** 　イ **Obst** 　ウ **sieben** 　エ **Übung**
　　　 城 　　　　 果物 　　　　 7 　　　　 練習

2 ア **Apfel** 　イ **Bach** 　ウ **Land** 　エ **Tag**
　　　 リンゴ 　　　 小川 　　　 国 　　　　 日

3 ア **elf** 　イ **Fuß** 　ウ **Vater** 　エ **Wasser**
　　　 11 　　　 足 　　　 父 　　　　 水

4 ア **Abgase** 　イ **ist** 　ウ **Fußball** 　エ **Tasse**
　　　 排気ガス 　～である 　　 サッカー 　　 カップ

5 ア **Blei** 　イ **Ei** 　ウ **europäisch** 　エ **Mai**
　　　 鉛 　　　 卵 　　 ヨーロッパの 　　 5月

練習2 　次に挙げるペアのうち、下線部が同音であるものには「○」、
　　　　異なる音であるものには「×」を付けましょう。

1 **ich : König**
　　 私は 　　 王様

2 **Stadt : Tuch**
　　 町 　　　 布

3 **Buch : Milch**
　　 本 　　　 牛乳

4 **Euro : Verkäufer**
　　 ユーロ 　　 販売人

5 **Liebe : Familie**
　　 愛 　　　 家族

6 **Typ : Tür**
　　 型 　　 ドア

解答と解説

練習1

1 イ　音節末の b は無声音

2 エ　アクセントがある母音で、後続する子音が1つであれば長母音。

3 エ　ドイツ語では、w は [v]。なお、v は [f]。

4 ア　s+ 母音のとき、s は [z] で発音されます。

5 ウ　ei は [aɪ] で、ai と同音になりますが、äi という二重母音はありません。

練習2

1 ○　ich [ɪç]　König [kǿːnɪç]

2 ○　Stadt [ʃtat]　Tuch [tuːx]

3 ×　Buch [buːx]　Milch [mɪlç]

4 ○　Euro [ɔ́ʏʀo]　Verkäufer [fɛʀkɔ́ʏfər]

5 ×　Liebe [líːbə]　Familie [famíːliə]

6 ○　Typ [tyːp]　Tür [tyːr]

ドイツ語の数字

音声ダウンロード付 DL-8

発音の練習も兼ねて、数字の言い方を少しずつ覚えましょう。

1	eins	[ains]	アィンス
2	zwei	[tsvai]	ツヴァィ
3	drei	[drai]	ドゥラィ
4	vier	[fiːr]	フィーァ
5	fünf	[fvnf]	フュンフ
6	sechs	[zɛks]	ゼクス
7	sieben	[zíːbn]	ズィーベン
8	acht	[axt]	アハト
9	neun	[nɔyn]	ノィン
10	zehn	[tseːn]	ツェーン
11	elf	[ɛlf]	エルフ
12	zwölf	[tsvœlf]	ツヴェルフ
13	dreizehn	[dráitseːn]	ドゥラィツェーン
14	vierzehn	[fírtseːn]	フィァツェーン
15	fünfzehn	[fvnftseːn]	フュンフツェーン
16	sechzehn	[zɛ́çtseːn]	ゼヒツェーン
17	siebzehn	[zíːptseːn]	ズィープツェーン
18	achtzehn	[áxtseːn]	アハツェーン
19	neunzehn	[nɔ́yntseːn]	ノィンツェーン
20	zwanzig	[tsvántsɪç]	ツヴァンツィヒ
30	dreißig	[dráisɪç]	ドゥラィスィヒ
40	vierzig	[fírtsɪç]	フィァツィヒ
50	fünfzig	[fvnftsɪç]	フュンフツィヒ
60	sechzig	[zɛ́çtsɪç]	ゼヒツィヒ
70	siebzig	[zíːptsɪç]	ズィープツィヒ
80	achtzig	[áxtsɪç]	アハツィヒ
90	neunzig	[nɔ́yntsɪç]	ノィンツィヒ
100	hundert	[húndərt]	フンダアト
1000	tausend	[táuzənt]	タォゼント
10000	zehntausend	[tséːntáuzənt]	ツェーンタォゼント

21

❶ **Danke.** ありがとう。
ダンケ

❷ **Bitte!** どういたしまして／お願いします。
ビッテ

❸ **Guten Morgen!** おはようございます。
グーテン　モァゲン

❹ **Guten Tag!** こんにちは。
グーテン　ターク

❺ **Guten Abend!** こんばんは。
グーテン　アーベント

❻ **Gute Nacht!** おやすみなさい。
グーテ　ナハト

❼ **Hallo!** こんにちは。
ハロー

❽ **Grüß Gott!** こんにちは。〔ドイツ南部・オーストリア〕
グリュース　ゴット

❾ **Auf Wiedersehen!** さようなら。
アォフ　ヴィーダァゼーエン

❿ **Tschüs!** バイバイ
チュース

⓫ **Entschuldigung!** すみません。
エントシュルディグング

文型編

Einheit 4

基本の文型
▶私は英語を話します

日本語では「ちょっと来て」「もう買った?」のように主語や目的語が省略されても会話が成り立ちます。一方、ドイツ語ではこのような省略はできず、文は主語と動詞が常にセットで示されます。まず、ドイツ語の基本的な文の特徴を見ていきます。

DL-10

❶ **Ich spreche Englisch.**
　　イヒ　　　シュプレッヒェ　　　エングリッシュ

　　　　平叙文。文末に「.」を入れる

❷ **Schauen Sie bitte kurz!**
　　シャォエン　　　ズィー　　ビッテ　　クァツ

　　　　命令文。文末に「!」を入れる

❸ **Sprechen Sie Deutsch?**
　　シュプレッヒェン　　ズィー　　ドイッチュ

　　　　疑問文。文末に「?」を入れる

❹ **mit Tinte schreiben**
　　ミット　ティンテ　　　シュライベン

　　　　　文ではない形(不定詞句)。動詞の不定詞は最後に来る

Wortschatz

動詞

☐ **schauen** [ʃáuən] … 〜を見る
　シャォエン

☐ **sprechen** [ʃpréçən] … 話す
　シュプレッヒェン

☐ **schreiben** [ʃráɪbən] … 書く
　シュライベン

名詞

☐ **Tinte** [tíntə] … **F** インク
　ティンテ

☐ **Deutsch** [dɔʏtʃ] … **N** ドイツ語
　ドイッチュ

🔦 学習のポイント

① ドイツ語の基本的な文の形
② 定動詞の役割
③ 不定詞の考え方

日本語訳

❶ 私は英語を話します。

❷ ちょっと見てください！

❸ あなたはドイツ語を話しますか。

❹ インクで書くこと

Wortschatz

形容詞・副詞

☐ **kurz** [kʊrts] … 短い・短く
　　クァツ

☐ **bitte** [bítə] … お願いします
　　ビッテ

代名詞

☐ **Sie** [ziː] … あなた
　　ズィー

☐ **ich** [ɪç] … 私
　　イヒ

前置詞

☐ **mit** [mɪt] … ～を使って
　　ミット

音声
ダウンロード
付
DL-11

⚠ 公式 5 定動詞は文の先頭に置く（疑問文・命令文）

　ドイツ語では、動詞が核になり、主語・動詞・時制が揃って文が成り立つとみなされます。そして、主語や時制と結びついた動詞のことを**定動詞**といいます。定動詞は、文頭に置かれると「疑問文・命令文」になります。相手に何か（答えやリアクションなど）を求める文タイプです。疑問文か命令文かは、英語と同じく、文末のイントネーションが上がり調子（疑問文）か下がり調子（命令文）かで区別します。相手に何かを求める文タイプのため、定動詞を何よりも先頭に置きます（**定動詞第一位**＊）。

＊定動詞第○位：文における定動詞の位置を定めたもの。「第一位」とは
　文の第一要素、つまり文頭位置を指す。

Haben Sie Zeit?　　時間ありますか。
　　ハーベン　　ズィー　ツァイト
⇒「はい・いいえ」の反応を求めている。

Kommen Sie bitte!　　ちょっと来てください。
　　コメン　　　　ズィー　　ビッテ
⇒「来てもらう」という反応を求めている。

参考
　英語でも疑問文は定動詞第一位ですが、一般動詞は文頭に立てず、代動詞の do(es) を文頭に置きます（例：Does she like coffee?）。ただしドイツ語と同様に、助動詞の機能を持った be, can などは第一位に立てます（例：Are you ready?）。

⚠ 公式 6 定動詞第二位（平叙文）

　平叙文は、ありのまま（平）を叙述（叙）する文、という意味です。相手に何かを求めるのではなく、むしろ、こちらから情報を提供する文タイプですので、疑問文・命令文とは定動詞の位置を変えます。文の 2 番目

の位置に定動詞を置きます。平叙文の定動詞位置を**定動詞第二位**と呼びます。

① **Ich habe Zeit.** 　時間があります。
　　イヒ　　ハーベ　ツァイト
　⇒ こちらの状況を伝えている。

② **Zeit habe ich.** 　時間はあります。
　　ツァイト　ハーベ　　イヒ
　（定動詞が第二位に置かれる平叙文。主語と目的語の構成要素は
　変わっていないので、①と②は同じ意味。）

!) 公式 7 動詞の不定詞

　文の核になる動詞には原形があります。これを不定詞といいます。主語も時制も未指定（定まっていない）という意味です。不定詞が副詞などを取り込んで句になっているものを不定詞句といいます。たとえば、例❹ mit Tinte schreiben（インクで書く）であれば、日本語の「インクで書く」というのと同じ語順、つまり副詞 - 不定詞の順に並べます。

Fußball spielen 　サッカーを する
　フースバル　　シュピーレン

morgen ins Kino gehen 　明日 映画館に 行く
　モァゲン　　インス　キーノ　　ゲーエン

im Sommer mit dem Flugzeug nach
　イム　　ゾマァ　　ミット　デム　フルークツォイク　ナーハ
Okinawa fliegen 　夏に 飛行機で 沖縄に 行く
　オキナワ　　フリーゲン

　このように、不定詞句では、日本語と同様、不定詞が末尾に来ます。

練習問題

練習1 次の不定詞句から、[ ]に示すタイプの文を作りましょう。なお、主語は Sie（あなたが）とします。動詞の形は不定形と定動詞で変わりませんので、そのままの形で大丈夫です。

1 **schnell sprechen**（早口で話す）「あなたは早口ですね。」
  シュネル　シュプレッヒェン
  _____ [平叙文]

2 **Interesse haben**（興味がある）「あなたは興味がありますか。」
  インテレッセ　ハーベン
  _____ [疑問文]

3 **schnell laufen**（急いで走る）「急いで走ってください。」
  シュネル　ラォフェン
  _____ [命令文]

練習2 平叙文は疑問文に、疑問文は平叙文に直し、添えられた日本語訳をヒントに、直した文を日本語に訳してみましょう。

1 **Sie schauen das.**（あなたはあれが見える。）
  ズィー　シャォエン　ダス

  ドイツ語 _____

  日本語訳 _____

2 **Haben Sie Fragen?**（あなたは質問がありますか。）
  ハーベン　ズィー　フラーゲン

  ドイツ語 _____

  日本語訳 _____

解答と解説

練習1 　主語はすべて、指示文のとおり Sie とする。定動詞は、①では sprechen、②では haben、③では laufen。これらは定動詞（つまり、主語と時制が定まっている）だが、不定詞と同じ形なので、指示文にあるとおり、不定詞をそのまま使う。

① **Sie sprechen schnell.**
　　ズィー シュプレッヒェン シュネル
平叙文なので、定動詞第二位。主語で文を始めて、次に定動詞を据える。文末の「.」を忘れないように。

② **Haben Sie Interesse?**
　　ハーベン ズィー インテレッセ
疑問文なので、相手の反応を求める文タイプ。定動詞第一位。定動詞を文頭に据えた後、主語を添える。文末の「?」を忘れないように。

③ **Laufen Sie schnell!**
　　ラォフェン ズィー シュネル
命令文なので、相手の反応を求める文タイプ。定動詞第一位。定動詞を文頭に据えた後、主語を添える。文末は「!」。

練習2

① **Schauen Sie das?**
　　シャォエン ズィー ダス
あなたはあれが見えますか。

疑問文なので、定動詞第一位。文末の「?」を忘れないように。

② **Sie haben Fragen.**
　　ズィー ハーベン フラーゲン
あなたはご質問があるのですね。

平叙文なので、定動詞第二位。文末の「.」を忘れないように。

動詞の現在人称変化
▶**私は日本から来ました**

Einheit 4 で、ドイツ語では「文は、主語・動詞・時制が揃って
成り立つ」ことを確認しました。ここでは、主語のタイプに応じ
た動詞の形の変化を学びます。また、疑問詞を用いた疑問文に
ついても見ていきます。

音声
ダウンロード
付
DL-12

❶ **Oh, Sie kommen aus Japan.**
　　オウ　ズィー　　　　コメン　　　アォス　　ヤーパン

「あなた・あなたがた」という単数複数同形の丁寧な二人称（敬称）

❷ **Ich komme aus Japan.**
　イヒ　　　コメ　　　アォス　　ヤーパン

私（一人称単数）

❸ **Wir kommen aus Japan.**
　ヴィーァ　　　コメン　　　アォス　　ヤーパン

私たち（一人称複数）

❹ **Ich komme aus Tokio und er**
　イヒ　　　コメ　　　アォス　　トキオ　　ウント　エーァ

kommt aus Hokkaido.
　コムト　　　アォス　　ホッカイドー

男性一人を指す主語
（三人称単数）

❺ **Woher kommst du?**
　ヴォヘーァ　　　　コムスト　　ドゥー

二人称単数（目の前の相手一人を指す親称）

Einheit 5

🔆 学習のポイント

1. 主語人称代名詞
2. 疑問詞を用いた疑問文
3. 現在人称変化

日本語訳

❶ おお、あなた（たち）は日本から来たのですね。

❷ 私は日本から来ました。

❸ 私たちは日本から来ました。

❹ 私は東京出身で、こちらの彼は北海道出身です。

❺ きみの出身はどこ？

Wortschatz

動詞

□ **kommen** [kɔ́mən] … 来る
コメン

前置詞

□ **aus** [aus] … 〜から
アオス

疑問詞

□ **woher** [vohé:r] … どこから
ヴォヘーア

代名詞

□ **wir** [vi:r] … 私たち
ヴィーア

□ **du** [du:] … 君
ドゥー

接続詞

□ **und** [unt] … 〜と〜
ウント

31

! 公式 8 主語人称代名詞

ドイツ語では、主語の人称代名詞の種類は次のようになります。

	単数	複数
一人称	ich イヒ	wir ヴィーア
二人称（親称）	du ドゥー	ihr イーア
二人称（敬称）	Sie ズィー	
三人称　男性 　　　　女性 　　　　中性	er エーア sie ズィー es エス	sie ズィー

　動詞の形は主語の人称（と数）に応じて決まった変化をします（人称変化）。

　まずは現在形のポイントを確認しましょう。現在形は現在進行形と確定的未来を兼ねます。たとえば、「～している最中だ（現在進行中）」「～することになっている（習慣）」「これから～することになる（確定的未来）」などです。

　一人称、二人称は性別の区別をしませんが、三人称は男性・女性、さらに中性を加えた3つで区別をします。

　二人称敬称には、「三人称複数」を転用しています。「心理的距離が離れている人」を対象にするため、〈物理的距離を表す「三人称」〉と〈相手を特定するのを避けてぼやかす「複数形」〉を組み合わせたかっこうです（ただし、三人称と区別するため、Sie と大文字書き）。

! 公式 9 「1」か否かを区別して

　人称については、一つ注意点があります。数が「ちょうど1」のときには単数形を使いますが、それ以外は複数形を使います。0.5（半分）なども「ちょうど1ではない」という理由から複数形になります。つまり、複数形とは「ちょうど1ではない」ということを表すためのものということになります。

! 公式 10 現在人称変化一覧

　動詞は、具体的な時制の中で活用されることで**定動詞**となります。なお、不定詞は「**語幹＋不定詞語尾 -en**」から成ります。規則変化の場合、次の表の通り、現在人称変化は、この語尾の部分のみを変化させます。

	単数	複数
一人称	**ich komme** コメ	**wir kommen** コメン
二人称（親称）	**du kommst** コムスト	**ihr kommt** コムト
二人称（敬称）	**Sie kommen** コメン	
三人称　男性 　　　　女性 　　　　中性	**er** **sie kommt** **es**　コムト	**sie kommen** コメン
不定詞	**kommen** コメン	

　Einheit 4 では、〈主語が Sie のときの人称変化と不定詞が同じ形であること〉を利用しました。

✏ 公式 11 疑問詞は文頭に、そして疑問文の語順に忠実に

　疑問文（と命令文）は、相手に何らかの反応を求める表現であるため、動詞が先頭に来る（定動詞第一位）ことを Einheit 4 で学びました。

　同様に、疑問詞はまさしくその部分にピンポイントで答えてもらいたいものですので、文頭に来ます。つまり、疑問詞があれば、何よりも先んじて置かれ（文頭）、次いで、定動詞、主語という語順になります。

Kommen	**Sie aus Tokio?**	あなたは東京出身ですか。
コメン	ズィー アォス　トキオ	
Woher	**kommen**	**Sie?**	あなたはどちらの出身ですか。
ヴォヘーァ			

Kaffeepause

駅のアナウンスにはご注意！

　ドイツ、オーストリア、スイスでは、駅を利用するとき、改札口がありません。たとえば、電車には乗るつもりはなく、駅を抜けていくだけのときなど、切符を持たずにプラットフォームを歩ける場合があります（「この先は、有効な切符を持った人しか立ち入れません」と書かれている場合もありますので、その場合には注意が必要です）。切符を持たずに列車にも乗れてしまいますが、無賃乗車にならないよう気をつけましょう（地域や鉄道会社の約款にもよりますが、60 ユーロなどの高額な罰金が科されます）。

　電車が遅延することは日常的にあり、また、列車の発着ホーム（番線）の急な変更も少なくありません。たとえば、**Achtung. Der nächste ICE nach Berlin fährt heute von Gleis 5 ab.**（＝「ご注意。次のベルリン行きの ICE は、本日は 5 番線から発車します。」）などと放送されます。駅の構造によっては、変更後のホームへは一度地下道を通って移動しなければならない場合もありますので、結構慌てます。**Gute Reise!**（よい旅を）

練習問題

練習1　＿＿＿線部の言葉を用いて、現在形の文を作りましょう。
[　]内に示す主語を用いてください。

1 **schnell sprechen**（早口で話す）
シュネル　シュプレッヒェン

[平叙文] ＿＿＿＿＿＿＿＿＿＿＿＿＿＿＿＿＿＿＿ [**Sie**]
（あなたは早口ですね。）

[疑問文] ＿＿＿＿＿＿＿＿＿＿＿＿＿＿＿＿＿＿＿ [**ich**]
（私って早口ですか。）

2 **Musik hören**（音楽を聴く）
ムズィーク　ヘーレン

[疑問文] ＿＿＿＿＿＿＿＿＿＿＿＿＿＿＿＿＿＿ [**ihr**]
（君たちは音楽を聴きますか。）

[平叙文] ＿＿＿＿＿＿＿＿＿＿＿＿＿＿＿＿＿＿ [**er**]
（彼は音楽を聴きます。）

練習2　次の日本語をドイツ語に、ドイツ語を日本語に直しましょう。

1 **Woher kommen sie?**
ヴォヘーァ　コメン　ズィー
和訳 ＿＿＿＿＿＿＿＿＿＿＿＿＿＿＿＿＿＿＿＿＿

2 私たちは日本から来ました。

ドイツ語訳 ＿＿＿＿＿＿＿＿＿＿＿＿＿＿＿＿＿＿＿

3 彼女はどちらの出身ですか。

ドイツ語訳 ＿＿＿＿＿＿＿＿＿＿＿＿＿＿＿＿＿＿＿

解答と解説

練習1

1 ［平叙文］ **Sie sprechen schnell.**
ズィー シュプレッヒェン シュネル
　 ［疑問文］ **Spreche ich schnell?**
シュプレッヒェ イヒ　シュネル

　平叙文は定動詞第二位、疑問文は定動詞第一位。主語 Sie に対しては、動詞の現在人称変化は「語幹 + 語尾 -en」、主語 ich に対しては「語幹 + 語尾 -e」。なお、敬称 Sie は常に大文字。

2 **Musik hören** （音楽を聴く）
ムズィーク ヘーレン
　 ［疑問文］ **Hört ihr Musik?**
ヘァート イーァ ムズィーク
　 ［平叙文］ **Er hört Musik.**
エーァ ヘァート ムズィーク

　平叙文は定動詞第二位、疑問文は定動詞第一位、平叙文は定動詞第二位。不定詞句の語順 (Musik–hören) から、動詞だけが第一位ないしは第二位に抜け出す。主語 ihr に対しては、動詞の現在人称変化は「語幹 + 語尾 -t」、主語 er に対しても「語幹 + 語尾 -t」。

練習2

1 彼らはどちらの出身ですか。

　　主語 sie は多義的（三人称単数女性・三人称複数）だが、動詞の人称変化語尾が -en なので、これは複数形の変化だとわかる。よって、主語は「彼らは」となる。

2 **Wir kommen aus Japan.**
ヴィーァ　　コメン　　アォス ヤーパン
　　主語「私たち」は wir。そのときの動詞の人称変化語尾は -en。

3 **Woher kommt sie?**
ヴォヘーァ　コムト　ズィー
　　三人称単数女性を表す主語は sie で、動詞の人称変化語尾は -t。疑問詞があれば文頭、そして疑問文の語順に忠実に。

1項動詞・2項動詞①②
▶私は大学生です

ドイツ語の文で、主語と動詞が揃った後は、どうすればいいでしょうか。このユニットから、動詞によって決まっている項（主語や目的語）のパターンに注目して、基本事項を整理していきます。

音声
ダウンロード
付

DL-14

❶ **Oh, es schneit.**
　オウ　　エス　　　シュナイト

　　　　　　天候を述べるとき主語に用いる非人称の es

❷ **Kommen Sie!**
　　　コメン　　　　ズィー

　　　　命令文（と疑問文）は定動詞が文頭

❸ **Ich bin Studentin.**
　イヒ　　ビン　　シュトゥデンティン

　　　「AはBだ」という意味

❹ **Ich werde Jurist.**
　イヒ　　ヴェァデ　　ユリスト

　　　　　　「AはBになる」という意味

❺ **Ich habe Zeit.**
　イヒ　　ハーベ　　ツァイト

　　　　　平叙文は定動詞が2番目

💡 学習のポイント

① 主語や目的語を表す格
② 主語と動詞だけで足りる表現
③ 主語と動詞と補語で構成される表現
④ 主語と動詞と直接目的語で構成される表現

日本語訳

❶ おぉ、雪だ。

❷ 来てください。

❸ 私は大学生です。

❹ 私は法律家になります。

❺ 私は時間があります。

Wortschatz

動詞

□ **schneien** [ʃnaiən] … 雪が降る
　 シュナィエン

□ **werden** [ve:rdən] … ～になる
　ヴェァデン

□ **bin** [bɪn] … 「～である (sein)」の
　ビン　　　　　　　一人称単数現在形

□ **haben** [ha:bən] … ～を持っている
　ハーベン

代名詞

□ **es** [ɛs] … それ（非人称）
　エス

名詞

□ **Studentin** [ʃtudéntɪn]
　シュトゥデンティン　… 🄕 (女子) 大学生

□ **Jurist** [júrɪst] … 🄜 法律家
　ユリスト

39

Einheit 6

公式 12 格の考え方

名詞そのものには、「人や物の名前」という意味のほかに、単数形・複数形の区別、文法上の性別（→詳しくは「名詞編」で）の情報が含まれていますが、それが主語か目的語かどうかは、動詞との関係で決まります。動詞によって与えられる「文における役割（主語や目的語）」を表すものを**格**といいます。主語に与えられる格は**主格**（ドイツ語文法では 1 格）です。主格以外には、**所有格**（2 格）や**間接目的格**（3 格）、**直接目的格**（4 格）などがあります。

公式 13 1 項動詞

主語だけ満たされれば成立する動詞のことを**1項動詞**といいます。もちろん、副詞などを伴うこともありますが、文が成立するために必須な文成分は、その動詞に対して 1 つです。

Ich komme.　いま行くよ。
イヒ　　コメ

Ich komme mit Hanna.　ハナと行くよ。
イヒ　　コメ　　ミット　　ハナ
　　　　　　　　　（副詞句）

つまり、主格を帯びた名詞が1つだけあればよいということです。

例文❶にあるような天候動詞は1項動詞ですので、「非人称の es ＋天候動詞」で表現されます。このときの es は 1 格です。また、Einheit 5 で見た ich, du, wir, ihr などは、すべて 1 格の代名詞です。

⚠️ 公式 14 1格＋1格を必要とする2項動詞

　2項動詞は、<u>主語だけでなく、もう一つ文成分を必要とする動詞</u>です。主語のほうは1格を帯びますが（公式12）、もう一つの文成分はさまざまです。まず、この公式では「AはBだ」の構文を取り上げます。これはA＝Bということですから、Aが1格である以上、Bも1格と見なされます。その典型は sein（〜である）という動詞です。また、似た意味のbleiben（〜であり続ける）や、未来においてAはBである（〜になる）ことを表す werden もこのタイプです。Bのことを補語といい、補語は1格です。

Ich bin Studentin.　私は大学生だ。
イヒ　　ビン　　シュトゥデンティン

Ich bleibe Studentin.　私は大学生のままだ。
イヒ　　ブラィベ　　シュトゥデンティン

Ich werde Studentin.　私は大学生になる。
イヒ　　ヴェァデ　　シュトゥデンティン

⚠️ 公式 15 1格＋4格を必要とする2項動詞

　2項動詞の中で、補語ではなく直接目的語を必要とする動詞を他動詞といいます。直接目的語は4格を帯びます。次の例で、下線部はすべて直接目的語です。

Ich habe Durst.　私は喉がかわいた。
イヒ　　ハーベ　　ドゥァスト

Ich mag Österreich.　私はオーストリアが好きだ。
イヒ　　マーク　　エースタァラィヒ

Ich trinke Cola.　私はコーラを飲む。
イヒ　　トゥリンケ　　コーラ

練習問題

練習1　下線部の名詞の格（1格か4格）は何ですか。

1 **Kommen Sie!**　来てください！
　　コメン　　ズィー

2 **Ich trinke Wasser.**　私は水を飲みます。
　　イヒ　トゥリンケ　ヴァッサァ

3 **Anna trinkt Limonade.**　アナはレモネードを飲みます。
　　アナ　トゥリンクト　リモナーデ

4 **Ich werde Pianist.**　私はピアニストになります。
　　イヒ　ヴェァデ　ピアニスト

練習2　次の例文を見て、表を完成させましょう。表には動詞の不定形を書き入れてください。

Ich esse Tomaten. / Er steht. / Sie lächelt. /
　イヒ　エッセ　　トマーテン　　　エーァ シュテート　　　ズィー レッヒェルト

Sie bleibt Studentin. / Trinken Sie Bier?
ズィー ブライプト シュトゥデンティン　　トゥリンケン　ズィー　ビーァ

1項動詞	2項動詞

解答と解説

練習1

1. **Kommen Sie!**
   コメン　ズィー
   1 格（1項動詞であれば、必須なのは主語です）

2. **Ich trinke Wasser.**
   イヒ　トゥリンケ　ヴァッサァ
   1 格（ich は 1 格の代名詞です）

3. **Anna trinkt Limonade.**
   アナ　トゥリンクト　リモナーデ
   4 格（「AはBを飲む」という表現で、Aは人（アナ）ですので 1 格、Bが 4 格です）

4. **Ich werde Pianist.**
   イヒ　ヴェァデ　ピアニスト
   1 格（補語は 1 格です）

練習2

1項動詞	2項動詞
stehen（立っている） シュテーエン	**essen**（〜を食べる） エッセン
lächeln（微笑む） レッヒェルン	**bleiben**（〜であり続ける） ブラィベン
	trinken（〜を飲む） トゥリンケン

文ごとの項の数を数える。
定動詞から動詞の不定形（見出し語形）に戻す練習でもある。

不定形：　語幹 ＋ en　⇔　定形：　語幹 ＋人称変化語尾

Einheit 6

2項動詞③④
▶あなたを待っています

Einheit 6 では、補語（1格）と直接目的語（4格）を伴う2項動詞について見ました。このユニットでは、間接目的語（3格）または前置詞句を伴う2項動詞について学びます。

音声ダウンロード付
DL-16

❶ **Ich danke Ihnen.**
　イヒ　　　ダンケ　　　イーネン

　　　　　　　　　Sie の3格の形

❷ **Das gehört mir.**
　ダス　　　ゲヘーァト　　　ミーァ

　　　　　　　　　ich の3格の形

❸ **Ich wohne in Tokio.**
　イヒ　　　ヴォーネ　　　イン　　トキオ

　　　どこに住んでいるかは「住む」という動詞にとって必須

❹ **Ich warte auf Sie.**
　イヒ　　　ヴァァテ　　　アォフ　　ズィー

　　　　「〜を待つ」というときの対象は auf という前置詞句で表す

Einheit 7

学習のポイント

① 3格支配の動詞
② 前置詞句を必須とする動詞

日本語訳

❶ あなたに感謝します。

❷ それは私のものです。

❸ 私は東京に住んでいます。

❹ あなたを待っています。

Wortschatz

動詞

□ **danken** [daŋkən] … 〜に感謝する
ダンケン

□ **gehören** [gəhǿːrən]
ゲヘーレン　　　… 〜のものである

□ **wohnen** [voːnən] … 〜に [前置詞
ヴォーネン　　　句] 住んでいる

□ **warten** [vartən] … 〜を [auf 〜]
ヴァァテン　　　待っている

代名詞

□ **Ihnen** [iːnən] … Sie の3格
イーネン

□ **mir** [miːr] … ich の3格
ミーァ

□ **Sie** [ziː] … Sie の4格
ズィー

前置詞

□ **in** [ɪn] … 〜の中に
イン

□ **auf** [auf] … 〜の上に、上の面に
アォフ

45

音声
ダウンロード
付

DL-17

　名詞に与えられる格は1格と4格だけではありません。間接目的語を表すための格（3格）があります。また、動詞によっては前置詞句を必須とするものもあります。

！ 公式 16 名詞の3格

　主語、または主語と同格の補語に与えられるものを1格、直接目的語に与えられるものを4格、そして、間接目的語に与えられる格を3格といいます。ただし、前置詞の目的語も3格ですので、間接目的格＝3格ということではなく、3格の守備範囲はもう少し広くなります。

直接目的語（→例1）は、主語による動作によって物理的・時間的に拘束されるものですが、間接目的語（→例2）にはそのような拘束は生じません。

（例1） **Ich frage Sie.**　あなたに質問があります。
　　　　　イヒ　フラーゲ　ズィー

（質問することで、相手の時間を束縛する）

（例2） **Ich helfe Ihnen.**　あなたをお手伝いします。
　　　　　イヒ　ヘルフェ　イーネン

（こちらはあくまで手伝う側。相手から感謝されることはあっても、相手を束縛するものではない）

　3格の名詞句には、人を表す名詞句がなりやすいです。「好き」「怖い」などの感覚の主体（感覚の感じ手）が3格の本質だからです。

（3格）
Mir gefallen Wien und München.
ミーア　　ゲファレン　　ヴィーン　ウント　　ミュンヒェン
　　　　　　　　私はウィーンとミュンヘンがお気に入りだ。

（3格）
Es geht mir gut.　私は元気です。
エス　ゲート　ミーア　グート

Mir ist kalt. ^{（3格）} 私は寒い。

ミーァ イスト カルト

！ 公式 17 前置詞句を必須とする動詞

　移動することを表す動詞（移動動詞）では、移動先は必須成分となります。

　次の例では、動詞 fahren は、主語を1つ、行き先を表す句を1つ必要とする2項動詞ということになります。

Ich fahre nach Österreich. オーストリアに行く。

イヒ　ファーレ　ナーハ　エースタァライヒ

　「住む」のように、場所を必須とするものもあります。また、auf ～⁴ warten（～を待つ）や Es mangelt an ～³（～が不足している）のように、前置詞句を必須とする動詞もあります。

Ich warte am Bahnhof auf Sie.

イヒ　ヴァーテ　アム　バーンホーフ　アオフ ズィー

駅であなたを待ちます。

Es mangelt an Vitamin C. ビタミンC不足だ。

エス　マンゲルト　アン　ヴィタミーン　ツェー

練習問題

練習1　下線部の格を答えましょう。

1 **Ich danke Hans.**
イヒ　　ダンケ　　ハンス

2 **Hans kommt.**
ハンス　　コムト

3 **Das gehört Hans.**
ダス　　ゲヘーァト　　ハンス

4 **Ich habe Hunger.**
イヒ　　ハーベ　　フンガァ

練習2　（　　）に適切な前置詞を入れましょう。何も入らないときは「×」印を書いてください。

1 **Er dankt (　　) Ihnen.**
エーァ　ダンクト　　　イーネン

2 **Ich warte (　　) Hans.**
イヒ　ヴァーテ　　　ハンス

3 **Ich trinke (　　) es.**
イヒ　トゥリンケ　　　エス

4 **Es mangelt (　　) Vitamin A.**
エス　マンゲルト　　　ヴィタミーン　アー

解答と解説

練習1

1. **3格** 私はハンスに感謝する。
   動詞 danken は3格目的語が必要。

2. **1格** ハンスが来る。
   Hans は文の主語。

3. **3格** それはハンスのものだ。

   動詞 gehören は3格目的語が必要。

4. **4格** 私は空腹だ。
   動詞 haben は4格の直接目的語が必要。

練習2

1. **×** 彼はあなたに感謝している。

2. **auf** 私はハンスを待っている。

3. **×** 私はそれを飲む。

4. **an** ビタミンAが不足している。

3項動詞①②
▶私はそれを壁に掛けます

このユニットでは、直接目的語（4格）に加えて、間接目的語（3格）または前置詞句を伴う3項動詞について学びます。

DL-18

❶ Ich zeige Ihnen Berlin.
　イヒ　　　ツァィゲ　　　イーネン　　　ベァリーン

Sie の3格の形

❷ Ich hänge das an die Wand.
　イヒ　　　ヘンゲ　　　ダス　　アン　　ディ　　　ヴァント

das の4格の形

❸ Ich bitte Sie um Hilfe.
　イヒ　　　ビッテ　　ズィー　　ウム　　ヒルフェ

Sie の4格の形

❹ Das halte ich für möglich.
　ダス　　　ハルテ　　イヒ　　フュア　　メークリヒ

das の4格。文頭にあるが目的語

💡 学習のポイント

① 二重目的語
② 移動を表す他動詞
③ 間違いやすい表現

日本語訳

❶ 私があなたにベルリンをお見せします。

❷ 私はそれを壁に掛けます。

❸ あなたに手助けをお願いします。

❹ それは可能だと思います。

Wortschatz

動詞

□ **zeigen** [tsaigən] … 〜を見せる
ツァイゲン

□ **hängen** [hɛŋən] … 〜を掛ける
ヘンゲン

□ **bitten** [bɪtən]
ビッテン　　… 〜に…を [um 〜 4] 頼む

□ **halten** [háltən]
ハルテン　　… 〜を…と [für 〜 4] 思う

名詞

□ **Wand** [vant] … 🔴 壁
ヴァント

□ **Hilfe** [hɪlfə] … 🔴 助け
ヒルフェ

形容詞

□ **möglich** [mǿ:klɪç] … 可能な
メークリヒ

音声
ダウンロード付
DL-19

公式 18 二重目的語

「AにBをあげる」や「AにBを紹介する」など、直接目的語（B）を間接目的語（A）に向ける、という内容を表す場合、**二重目的語**になります。ドイツ語では、3格→4格の順序が標準です。**「主語＋動詞＋3格＋4格」**です。

Ich zeige Ihnen Berlin.
（3格）（4格）
イヒ　ツァィゲ　イーネン　ベァリーン

私はあなたにベルリンを見せます。

Ich gebe Ihnen das Buch.
（3格）（4格）
イヒ　ゲーベ　イーネン　ダス　ブーフ

私はあなたにこの本をあげます。

公式 19 移動を表す他動詞

「自分自身がどこかに移動すること」を表す自動詞であれば、「主語＋動詞＋前置詞」の2項動詞でした（公式17）。一方、「あるものをどこかに動かすこと」を表す他動詞の場合は、4格の目的語に前置詞が加わりますので、**「主語＋動詞＋4格＋前置詞句」**の3項動詞となります。

Ich stelle das vor das Fenster.
（4格）
イヒ　シュテレ　ダス　フォァ　ダス　フェンスター

私はそれを窓の前に置きます。

Ich fahre Sie in die Stadt.
（4格）
イヒ　ファーレ　ズィー　イン　ディー　シュタット

私はあなたを街まで車で乗せていきます。

！ 公式 20 依頼表現などで相手＋内容を表す

「人に〜を頼む」や「人に〜を尋ねる」などの表現では、「〜を」が直接目的語のように感じるかもしれません。しかし、直接目的語には時間的・物理的に束縛を受けるものが来ます。「人に道を尋ねる」という場合、「尋ねる」という行為によって時間的拘束を受けるのは「人」ですから、「人」が**4格**になります。尋ねる内容である「道」は3格にはなれません（※3格は人を表す）ので、前置詞を使って**「主語＋動詞＋4格＋前置詞句」**となります。

（4格）
Ich bitte Sie um Ihr Verständnis.
イヒ　ビッテ　ズィー　ウム　イーァ　フェアシュテントニス

私はあなたに理解を求めます。

（4格）
Man fragt mich nach der Uhrzeit.
マン　フラークト　ミヒ　ナーハ　デァ　ウーァツァイト

人が私に時刻を尋ねます。

日本語の感覚にひっぱられると、「理解を求める」や「時刻を尋ねる」という表現で「〜を」となっている部分をドイツ語の4格に対応させたくなりますが、誤りです。注意しましょう。

✎ 練習問題

練習1　下線部の格を答えましょう。

1 **Ich bitte Hans um sein Verständnis. (　　)**
　　イヒ　ビッテ　ハンス　ウム　ザイン　フェアシュテントニス

2 **Hans hängt das an die Wand. (　　)**
　　ハンス　ヘングト　ダス　アン　ディー　ヴァント

3 **Wir zeigen Hans die Stadt. (　　)**
　　ヴィーァ　ツァイゲン　ハンス　ディー　シュタット

4 **Man fragt Hans nach der Uhrzeit. (　　)**
　　マン　フラークト　ハンス　ナーハ　デァ　ウーァツァイト

練習2　日本語に合うように（　　）に適切な語を入れましょう。

1 人が私に道を尋ねる。
　Man fragt mich (　　) dem Weg.
　　マン　フラークト　ミヒ　　　　デム　ヴェーク

2 私はあなたに手助けをお願いする。
　Ich bitte Sie (　　) Hilfe.
　　イヒ　ビッテ　ズィー　　　　ヒルフェ

3 私があなたに東京案内をする。
　Ich zeige (　　　　) Tokio.
　　イヒ　ツァイゲ　　　　　　　トキオ

4 私はあなたを街へ車で連れて行く。
　Ich fahre (　　) in die Stadt.
　　イヒ　ファーレ　　　　イン　ディー　シュタット

解答と解説

練習1

[1] **Ich bitte Hans um sein Verständnis.**（4格）
イヒ ビッテ ハンス ウム ザイン フェアシュテントニス
私はハンスに理解を求める。

[2] **Hans hängt das an die Wand.**（4格）
ハンス ヘングト ダス アン ディー ヴァント
ハンスはそれを壁に掛ける。

[3] **Wir zeigen Hans die Stadt.**（3格）
ヴィーァ ツァイゲン ハンス ディー シュタット
私たちはハンスにこの街の案内をする。

[4] **Man fragt Hans nach der Uhrzeit.**（4格）
マン フラークト ハンス ナーハ デァ ウーァツァイト
人がハンスに時刻を尋ねる。

練習2

[1] 人が私に道を尋ねる。

Man fragt mich (nach) dem Weg.
マン フラークト ミヒ ナーハ デム ヴェーク

[2] 私はあなたに手助けをお願いする。

Ich bitte Sie (um) Hilfe.
イヒ ビッテ ズィー ウム ヒルフェ

[3] 私があなたに東京案内をする。

Ich zeige (Ihnen) Tokio.
イヒ ツァイゲ イーネン トキオ

[4] 私はあなたを街へ車で連れて行く。

Ich fahre (Sie) in die Stadt.
イヒ ファーレ ズィー イン ディー シュタット

否定文・副文
▶もし雨なら、あなたは来ませんか

これまでの課で、動詞を文の核とした文構造を見てきました。「文型」編の最後は、否定文と副文の構造を見ます。

音声
ダウンロード
付
DL-20

❶ **Ich fahre oft nicht mit der**
イヒ　　ファーレ　　オフト　　ニヒト　　ミット　　デア

U-Bahn.
ウーバーン

mit der U-Bahn を否定する部分否定

❷ **Mit der U-Bahn fahre ich**
ミット　デア　　ウーバーン　　ファーレ　イヒ

nicht oft.
ニヒト　　オフト

oft を否定する部分否定

❸ **Es regnet. Kommen Sie nicht?**
エス　　レーグネト　　　　コメン　　ズィー　　ニヒト

nicht が文末にあり、全文否定

❹ **Kommen Sie nicht, wenn es**
コメン　　　ズィー　　ニヒト　　　ヴェン　　エス

regnet?
レーグネト

「〜ならば」という条件文を導く接続詞

🔍 学習のポイント

① 枠構造
② 否定文
③ 主文と副文

Einheit 9

日本語訳

❶ 私は地下鉄で行かないことがよくあります。

❷ 地下鉄では、よく行くわけではありません。

❸ 雨です。あなたは来ませんか。

❹ もし雨なら、あなたは来ませんか。

Wortschatz

動詞

☐ **fahren** [fáːrən] … 行く
　ファーレン

☐ **regnen** [réːɡnən] … 雨が降る
　レーグネン

副詞

☐ **oft** [ɔft] … よく、頻繁に
　オフト

☐ **nicht** [nɪçt] … 〜ではない
　ニヒト

名詞

☐ **U-Bahn** [uː-baːn] … Ⓕ 地下鉄
　ウーバーン

接続詞

☐ **wenn** [vɛn] … もし〜ならば
　ヴェン

Einheit 9

音声
ダウンロード付

DL-21

!) 公式 21 枠構造

　ドイツ語では定動詞と最も関係が深い要素が文の最後に置かれ、それ以外のものを間に置いて、枠のような形を作ります。これを**枠構造**といいます。動詞が文の核になる、という考え方の基本は「不定詞句」(→ Einheit 4 参照) です。「音楽を聴く」(Musik hören) や「駅に行く」(zum Bahnhof fahren) など、「目的語＋動詞」や「前置詞＋動詞」のように動詞句のまとまりを作っておいて、そこから定動詞を第二位 (平叙文) や第一位 (疑問文・命令文) にします。

不定詞句 **zum Karlsplatz fahren** 　カールスプラッツへ行くこと
　　　　　 ツーム　　カールスプラッツ　　ファーレン

平叙文 **Ich fahre oft zum Karlsplatz.** (第 2 位)
　　　 イヒ　 ファーレ オフト ツーム　　カールスプラッツ

　　　 私はよくカールスプラッツへ行きます。

疑問文 **Fährst du zum Karlsplatz?** (第 1 位)
　　　 フェーァスト ドゥー ツーム　　カールスプラッツ

　　　 君はカールスプラッツへ行きますか。

!) 公式 22 否定詞の位置

　否定詞の nicht は否定したいものの直前に置きます。mit der U-Bahn fahren というまとまりがあって、その直前に nicht を置くと「地下鉄で行かない」となります。例文❶は、mit der U-Bahn fahren という動詞句 (不定詞句) を否定する全文否定です。

不定詞句の否定 **nicht mit der U-Bahn fahren**
　　　　　　　　 ニヒト　　ミット　デァ　　ウーバーン　　ファーレン
　　　　　　　　　　　　　　　　　　否定＋地下鉄で行く

否定文　**Ich fahre nicht mit der U-Bahn.**
イヒ　ファーレ　ニヒト　ミット　デア　　ウーバーン

地下鉄では行きません。

否定文　**Ich fahre oft nicht mit der U-Bahn.**
イヒ　ファーレ　オフト　ニヒト　ミット　デア　　ウーバーン

私は地下鉄で行かないことがよくあります。

Einheit 9

　　例文❷のように、副詞など（ここでは oft「よく、普段は」）のみを否定する場合、部分否定となります。oft の直前に nicht を置き、nicht oft として mit der U-Bahn fahren に添えます。平叙文では普通、Ich fahre ～の語順になりますが、部分否定では、「～は…ではない」というように、まず主題を提示し、それに対する部分的な否定をすることが多く、例文❷のように mit der U-Bahn が文頭に立つ語順が自然です。

oft の否定　**nicht oft mit der U-Bahn fahren**
ニヒト　オフト　ミット　デア　　ウーバーン　　ファーレン

否定＋よく＋地下鉄で行く

部分否定　**Ich fahre nicht oft mit der U-Bahn.**
イヒ　ファーレ　ニヒト　オフト　ミット　デア　　ウーバーン

地下鉄でよく行くわけではありません。

部分否定　**Mit der U-Bahn fahre ich nicht oft.**
ミット　デア　　ウーバーン　　ファーレ　イヒ　ニヒト　オフト

地下鉄では、よく行くわけではありません。

！ 公式 **23** 主文と副文

　　例文❸のような「雨だ」「あなたは来ませんか」という文は、ともに単独の文です。「雨だ」と言われたら「そうですね／いや、降っていませんよ」と肯定したり否定したりできます。「来ませんか」と言われたら「はい／いいえ」で応答できます。このように、文単独でそれに対して真偽の判断をしたり応答したりできるものを**主文**といいます。
　　一方、例文❹で応答できるのは「あなたは来ませんか」の部分だけです。この部分は主文ですが、「もし雨なら」は仮定の話で、真偽を判断できず、

条件を述べているにすぎません。このように主文の前提となる条件文や、理由（「〜なので」）などを表す文は、**副文**といいます。

　主文と副文の違いは、定動詞の位置の違いに表れます。<u>副文では、定動詞は文末に置かれます</u>。これを**定動詞後置**といいます。

▶主文：定動詞第1位（疑問文・命令文）

Regnet es?　雨ですか。
　レーグネト　　エス

▶主文：定動詞第2位（平叙文）

Es regnet.　雨です。
エス　　レーグネト

▶副文：定動詞後置

...., wenn es regnet　もし雨なら
　　　ヴェン　　エス　レーグネト

✏️ 練習問題

練習1　下線部を否定する文を作ってください。

1 **Hans hängt das an die Wand.**
ハンス　　ヘングト　　ダス　アン ディー　ヴァント
ハンスはそれを壁に掛ける。

2 **An die Wand hängt Hans das.**
アン ディー　ヴァント　　ヘングト　　ハンス　　ダス
壁に、ハンスはそれを掛ける。

3 **Das hängt Hans an die Wand.**
ダス　　ヘングト　ハンス　アン ディー　ヴァント
それを、ハンスは壁に掛ける。

4 **Hans hört oft Musik.**
ハンス　ヘーァト オフト ムズィーク
ハンスはよく音楽を聴いています。

練習2　与えられた語句を並べ替えて、日本語に合う文を完成させましょう。なお、文頭に来る語も小文字で示してあります。

1 明日は雨ですか。
{ es / morgen / regnet }?
エス　　　モァゲン　　　レーグネト

2 明日は雨ではありません。
{ es / morgen / nicht / regnet }.
エス　　　モァゲン　　ニヒト　　レーグネト

3 明日が雨なら、私は行きません。

{ es / ich / komme / morgen / nicht / regnet / wenn / , }.
　エス　イヒ　　コメ　　　モァゲン　　ニヒト　　レーグネト　　ヴェン

4 明日が雨でなければ、私は行きます。

{ es / ich / komme / morgen / nicht / regnet / wenn / , }.
　エス　イヒ　　コメ　　　モァゲン　　ニヒト　　レーグネト　　　ヴェン

解答と解説

練習1

1 **Hans hängt das an die Wand nicht.**
ハンス ヘングト ダス アン ディー ヴァント <u>ニヒト</u>
動詞を打ち消すと全文否定。

2 **An die Wand hängt Hans nicht das.**
アン ディー ヴァント ヘングト ハンス <u>ニヒト</u> ダス
「壁に何かを掛けることは掛けるが（主題）、これじゃない。」という
ことを表す部分否定。

3 **Das hängt Hans nicht an die Wand.**
ダス ヘングト ハンス <u>ニヒト</u> アン ディー ヴァント
「これは掛けるには掛けるが、それは壁にじゃない」ということを表
す部分否定。

4 **Hans hört nicht oft Musik.**
ハンス ヘーァト <u>ニヒト</u> オフト ムズィーク
Musik hört Hans nicht oft. でも可。oft のみが打ち消されてい
る（部分否定）。

練習2

1 **Regnet es morgen?** 疑問文は、動詞が先頭。
レーグネト エス モァゲン

2 **Es regnet morgen nicht.**
エス レーグネト モァゲン ニヒト
「明日は雨ではない」という全文否定。

3 **Ich komme nicht, wenn es morgen regnet.**
イヒ コメ ニヒト ヴェン エス モァゲン レーグネト
条件文（副文）は定動詞後置。

4 **Ich komme, wenn es morgen nicht regnet.**
イヒ コメ ヴェン エス モァゲン ニヒト レーグネト
同上。条件は「雨でなければ」なので、nicht は条件文（副文）の
中に入る。

復習ドリル

練習1 次の不定詞句に、対応する日本語の意味に合うよう、否定辞 nicht を入れましょう。

1 新聞を頻繁には読むわけではないこと

oft Zeitungen lesen
オフト　　ツァイトゥンゲン　　レーゼン

→

2 魚を好んで食べるわけではないこと

gern Fisch essen
ゲァン　　フィッシュ　　エッセン

→

3 それをしないこと

das machen
ダス　　マッヘン

→

4 何を食べないこと

was essen
ヴァス　　エッセン

→

練習2 練習1で作ったそれぞれの句を用いて、Sie を主語にした①平叙文と②疑問文を作りましょう。

1 ①

②

2 ①

②

3 ①

②

4 ① なし

②

練習3　下線部の名詞の格を答えましょう。

1　私はハンスを手伝う。

Ich helfe <u>Hans</u>.
イヒ　ヘルフェ　ハンス

2　ハンスはコーラを飲む。

Hans trinkt <u>Cola</u>.
ハンス　トゥリンクト　コーラ

3　アニカは大学生だ。

Annika ist <u>Studentin</u>.
アニカ　イスト　シュトゥデンティン

4　私はハンスにコーラをあげる。

Ich gebe <u>Hans</u> Cola.
イヒ　ゲーベ　ハンス　コーラ

5　私はタバコを吸っているところだ。

<u>Ich</u> rauche.
イヒ　ラォヘ

6　ハンスは寒い。

<u>Hans</u> ist kalt.
ハンス　イスト　カルト

練習4　空欄に、適切な前置詞を入れましょう。

1　私はあなたを待ちます。

Ich warte (　　　　　) Sie.
イヒ　ヴァーテ　　　　　　ズィー

2　あなたはウィーンにお住まいですか?

Wohnen Sie (　　　　) Wien?
ヴォーネン　ズィー　　　　　　ヴィーン

3　私はベルリンに行きます。

Ich fahre (　　　　) Berlin.
イヒ　ファーレ　　　　　　ベァリーン

Kaffeepause

ドイツ語の曜日の言い方

ドイツ語の曜日の名称は、すべて男性名詞です。「水曜日」を除いて、すべて -tag がつきます（日本語の「～日」に相当します）。水曜日 Mittwoch は、-woch が Woche「週」、Mitt- が Mitte「真ん中」
ミットヴォッホ　　　　ヴォッホ　　　ヴォッヘ　　　ミット　　　ミッテ
を表し、Mittwoch は週の真ん中という意味になります。
ミットヴォッホ

月曜日　**der Montag**
　　　　デァ　モーンターク

火曜日　**der Dienstag**
　　　　デァ　ディーンスターク

水曜日　**der Mittwoch**
　　　　デァ　ミットヴォッホ

木曜日　**der Donnerstag**
　　　　デァ　ドナースターク

金曜日　**der Freitag**
　　　　デァ　フライターク

土曜日　**der Samstag**
　　　　デァ　ザムスターク

日曜日　**der Sonntag**
　　　　デァ　ゾンターク

「土曜日」は、地域によっては **Sonnabend**（「日曜日の前の晩」
　　　　　　　　　　　　　　　　ゾンアーベント
というのが原義）という言い方もあります（「クリスマスイブ」のイブ
(=evening) と同じ考え方です）。

「～曜日に」と言いたいときは **am Montag**（月曜日に）、**am**
　　　　　　　　　　　　　　　アム　モーンターク
Mittwoch（水曜日に）などと使います。また、「週末に」は **am**
ミットヴォッホ　　　　　　　　　　　　　　　　　　　　アム
Wochenende といいます。
ヴォッヘンエンデ

動詞編

　「文型」編では、主文と副文について、動詞の位置がその種別を表すことを中心に動詞の文型（1項動詞、2項動詞、3項動詞）を整理、まずは文の「枠構造」を確認しました。この「枠構造」は、助動詞が来ても、時制が変わっても、同じように使えます。

　「動詞」編では、いよいよ具体的に動詞の文法を見ていきます。

不定詞（動詞の原形）に対し、主語との対応関係や時制が定まったものを定動詞といいます（→ Einheit 4 参照）。ここでは、時制の区別と、それを表すための動詞の三基本形を学びます。

DL-22

❶ Ich habe Kopfschmerzen.

イヒ　ハーベ　コプフシュメァツェン

haben の一人称単数現在形

❷ Da hatte ich Zeit.

ダー　ハッテ　イヒ　ツァィト

haben の一人称単数過去形です

❸ Ehrlich gesagt, habe ich kein

エァリッヒ　ゲザークト　ハーベ　イヒ　カィン

Interesse.

インテレッセ

sagen の過去分詞

❹ Das hatte ich doch gesagt!

ダス　ハッテ　イヒ　ドッホ　ゲザークト

hatte + 過去分詞で過去完了形

🔆 学習のポイント

① 時制の区別
② 過去基本形の規則的な作り方
③ 過去分詞の規則的な作り方

日本語訳

❶ 私は、頭痛がします。

❷ 私は時間があります。

❸ 正直に言うと、興味ありません。

❹ ほら、だから言ったじゃない！

Wortschatz

動詞

□ **sagen** [zá:gən] … 言う
　ザーゲン

□ **haben** [há:bən]
　ハーベン … ここでは、完了の助動詞

名詞

□ **Kopfschmerzen** [kɔ́pfʃmɛrtsən]
　コップフシュメァツェン … 複 頭痛

□ **Interesse** [ɪntərésə] … N 興味
　インテレッセ

代名詞

□ **kein** [kain]
　カイン
　　… ひとつ（一人）も / 少しも～ない

副詞

□ **da** [da:] … そのとき
　ダー

□ **ehrlich** [éːrlɪç] … 正直に
　エァリッヒ

□ **doch** [dɔx] … ～じゃないか（反論）
　ドッホ

69

音声
ダウンロード
付

DL-23

⚠ 公式 24 時制の区別

　時制の区別は、定動詞に表れます。動詞には、時制の区別を表すために、①**不定形**、②**過去基本形**、③**過去分詞**の3つの基本形があり、これらを**動詞の三基本形**といいます。

⚠ 公式 25 三基本形① 不定形

　不定形は不定詞句の核となるものです（→ Einheit 4 参照）。現在形を表すのに必要で、「**語幹**＊＋ **en**」の形です。sein のほか、語幹が -el, -er で終わる動詞については、「**語幹＋ n**」の形をとります。確定的未来も現在形で表します。

＊語幹：動詞や形容詞など、語形変化のある語の基礎になる部分で、その語の意味そのものを格納している。

stell+en = stellen　（置く）
シュテレン

frag+en = fragen　（質問する）
フラーゲン

hab+en = haben　（持っている）
ハーベン

●現在形

Ich habe Zeit.　私は時間があります。
イヒ　　ハーベ　ツァイト

●未来

Morgen habe ich Zeit.　明日、私は時間があります。
モァゲン　　　ハーベ　イヒ　ツァイト

!) 公式 26 三基本形② 過去基本形

　過去形を表すとき、動詞は、現在人称変化（→公式 10 参照）と同じように、主語の種類に応じた変化（→ Einheit 16 参照）をします。その基礎となる形を**過去基本形**といい、基本的に「**語幹＋te**」で表します。haben → hatte のような不規則動詞もあります（→公式 37 参照）。

stellen ⇨ **stell+te = stellte**
fragen ⇨ **frag+te = fragte**
haben ⇨ **hab+te = hatte**

●過去形
Ich hatte Zeit.　私は時間がありました。
イヒ　　ハッテ　　ツァイト

!) 公式 27 三基本形③ 過去分詞

　過去分詞は、完了形や受動態を表すのに必要です。三基本形の他の2つ（不定詞と過去基本形）と違って、それ自体が人称変化をすることはありません。人称変化は助動詞が担い、「助動詞＋過去分詞」となるのが特徴です。規則的な作り方は「**ge＋語幹＋t**」です。

stellen ⇨ **ge+stell+t = gestellt**
fragen ⇨ **ge+frag+t = gefragt**
haben ⇨ **ge+hab+t = gehabt**

●現在完了形
Ich habe fertig gegessen.　私は食べ終わりました。
イヒ　　ハーベ　フェアティヒ　　ゲゲッセン

●過去完了形
Ich hatte fertig gegessen.　私は食べ終わっていました。
イヒ　　ハッテ　フェアティヒ　　ゲゲッセン

Einheit 10

71

練習問題

練習1　次の語は規則変化をする動詞です。それぞれについて、不定形は過去基本形に、過去基本形は過去分詞に、過去分詞は不定形に直しましょう。

1 **gestellt**
ゲシュテルト

2 **jobbte**
ジョプテ

3 **lernen**
レァネン

4 **fragte**
フラークテ

5 **malen**
マーレン

練習2　次の文の時制を答えてください。

1 **Er hatte einmal Spanisch gelernt.**
エーァ　ハッテ　アィンマール　シュパーニシュ　ゲレァント

2 **Sie wird einen Japaner heiraten.**
ズィー　ヴィァト　アィネン　ヤパーナァ　ハィラーテン

3 **Ich arbeitete in Berlin.**
イヒ　アーバイテテ　イン　ベァリーン

4 **Hat es Ihnen Spaß gemacht?**
ハット　エス　イーネン　シュパース　ゲマッハト

5 **Wir haben Hunger.**
ヴィーァ　ハーベン　フンガァ

解答と解説

練習1

1. **gestellt** （過去分詞）⇒ **stellen** 　〜を置く
   ゲシュテルト　　　　　　　　シュテレン

2. **jobbte** （過去基本形）⇒ **gejobbt** 　アルバイトをする
   ジョプテ　　　　　　　　　ゲジョプト

3. **lernen** （不定形）⇒ **lernte** 　〜を習う
   レァネン　　　　　　　レァンテ

4. **fragte** （過去基本形）⇒ **gefragt** 　〜に尋ねる
   フラークテ　　　　　　　　ゲフラークト

5. **malen** （不定形）⇒ **malte** 　〜を描く
   マーレン　　　　　　マールテ

練習2

1. 過去⇒過去完了（haben の過去形＋過去分詞）
   彼はかつてスペイン語を習っていた。

2. 未来（werden ＋ 不定形）
   彼女は日本人と結婚するだろう。

3. 過去（過去基本形が人称変化）
   私はベルリンで働いていた。

4. 現在⇒現在完了（haben の現在形＋過去分詞）
   それはあなたには楽しかったですか。

5. 現在（haben の現在人称変化）
   私たちはおなかがすいています。

現在形の規則変化
▶私はドイツ語を学んでいます

このユニットでは、規則的な現在人称変化のルールと注意点を見ていきます。

音声
ダウンロード
付

DL-24

❶ Ich lerne Deutsch.

　　イヒ　　　レァネ　　　　　ドイッチュ

❷ Tanzt du gut?

　タンツト　　ドゥー　　グート

　　　　-z, -s, -ß で終わる語幹

❸ Wo arbeitet er?

　ヴォー　　アァバイテト　　エーァ

　　　　　　-t, -d で終わる語幹

❹ Es regnet.

　エス　　レーグネト

　　　　-gn, -ffn, -chn, -dm などで終わる語幹

💡 学習のポイント

① 規則的な現在人称変化語尾

② 規則的ではあるが、注意が必要な語尾変化

日本語訳

❶ 私はドイツ語を学んでいます。

❷ 君は踊るのが上手ですか。

❸ 彼はどこで働いていますか。

❹ 雨が降っています。

Wortschatz

動詞

☐ **lernen** [lérnən] … 〜を学ぶ
　　レァネン

☐ **arbeiten** [árbaitən] … 働く
　　アァバイテン

☐ **tanzen** [tántsən] … 踊る
　　タンツェン

疑問詞

☐ **wo** [vo:] … どこで
　　ヴォー

副詞

☐ **gut** [ɡu:t] … 上手に
　　グート

Einheit 11

75

DL-25

公式 28 規則的な現在人称変化

Einheit 5 で学んだように、動詞の規則的な現在人称変化は次の通り
です。

ich — e / du — st / er — t / wir — en / ihr — t / sie — en

例❶の ich lerne は、動詞 lernen（学ぶ）の、主語が ich のときの
変化です。

ich lerne / du lernst / er lernt / wir lernen / ihr lernt / sie lernen

lernen の過去基本形（公式 26）は lernte、過去分詞（公式 27）は
gelernt です。いずれも規則的です。

Ich lerne Deutsch.　私はドイツ語を学んでいます。
イヒ　　レァネ　　　ドィッチュ

Ich lernte Deutsch.　私はドイツ語を学びました。
イヒ　　レァンテ　　　ドィッチュ

Ich habe Deutsch gelernt.
イヒ　　ハーベ　　　ドィッチュ　　　ゲレァント

　　　　　　　　　　　　　私はドイツ語を学びました。

公式 29 同音の融合

例❷の動詞 tanzen は、語幹が -z で終わっています。z の発音は [ts]
ですので、人称変化語尾が -st の場合、ts + st という連続子音になりま
す。このような場合、隣り合う2つの s は融合して、ts + t と再構成され
ます。それでも、耳には st の音が届くので、問題ないのです。

reisen（旅行する）du reist
ラィゼン　　　　　　　　ドゥー　ラィスト

heißen（〜と称する）du heißt
ハィセン　　　　　　　　　　　　ドゥー　ハィスト

Wie heißt du?　君ははなんて名前？
ヴィー　ハィスト　ドゥー

⚠️ 公式　30　口調を整える -e-

　例❸の動詞 arbeiten は、<u>語幹が -t で終わっている</u>ことから、人称変化語尾が –t, -st の場合、結合して t+t, t+st という連続子音になります。そのため、間に口調を整える -e- が入ります。公式 29 のように同音の融合で arbeit+t ＝ arbeit とすると語幹にしか見えません。そこで、渡り音を添えて +t をつけるのです。

reden（話す）du redest / er redet
レーデン　　　　　　　ドゥー　レーデスト　　エーァ　レーデット

bitten（お願いする）du bittest / er bittet
ビッテン　　　　　　　　　　　ドゥー　ビッテスト　　　エーァ　ビッテット

Er arbeitet in einer Buchhandlung.
エーァ　アァバイテト　イン　アィナー　　　　　　ブーフハンドルング

　　　　　　　　　　　　　　　　彼は本屋で働いています。

　また、例❹の動詞 regnen のように、語幹が -n, -m で終わる動詞も、人称変化語尾が -st, -t の場合、渡り音 -e- が必要です。

zeichnen（スケッチする）
ツァィヒネン

　　　　　　　du zeichnest / er zeichnet
　　　　　　　　ドゥー　ツァィヒネスト　　エーァ　ツァィヒネット

öffnen（〜を開ける）du öffnest / er öffnet
エフネン　　　　　　　ドゥー　エフネスト　　　エーァ　エフネット

Er zeichnet draußen.　彼は外でスケッチしています。
エーァ　ツァィヒネット　　ドゥラォセン

練習1　主語を [　　] 内の語に替えて、全文を書き直しましょう。

1 **Ich bitte Hans um sein Verständnis.**［man］
イヒ　ビッテ　ハンス　ウム　ザイン　フェアシュテントニス　　マン
（彼の）

2 **Hans hängt das an die Wand.**［ich］
ハンス　ヘングト　ダス　アン　ディー　ヴァント　　イヒ

3 **Sie zeigen mir die Stadt.**［ihr］
ズィー　ツァイゲン　ミーァ　ディー　シュタット　　イーァ

4 **Man fragt Hans nach der Uhrzeit.**［wir］
マン　フラークト　ハンス　ナーハ　デァ　ウーァツァイト　　ヴィーァ

5 **Wie heißen Sie?**［du］
ヴィー　ハイセン　ズィー　　ドゥー

練習2　[　　] 内の動詞を適切な形に変えて空欄に入れてください。

1 **Du _____ sehr gut.**［tanzen］
ドゥー　　　　　　　ゼーァ　グート　　タンツェン
君はとても上手に踊るね。

2 **Es _____ heute sehr stark.**［regnen］
エス　　　　　　　ホイテ　ゼーァ　シュタァク　　レーグネン
今日はとても強く雨が降っている。

3 **Wo _____ ihr?**［arbeiten］
ヴォー　　　　　　　イーァ　　アァバイテン
君たちはどこで働いているの？

4 **Ich _____ jeden Tag drei Stunden.**
イヒ　　　　　　　イェーデン　ターク　ドゥライ　シュトゥンデン
私は毎日3時間アルバイトをしている。
［jobben］
ジョベン

5 **Es _____ mir gut.**［gehen］
エス　　　　　　　ミーァ　グート　　ゲーエン
私は調子がいいです。

解答と解説

練習1

1 **Man bittet Hans um sein Verständnis.** □調上の e
マン ビッテト ハンス ウム ザイン フェアシュテントニス
人はハンスに理解を求める。

2 **Ich hänge das an die Wand.**
イヒ ヘンゲ ダス アン ディー ヴァント
私はそれを壁に掛ける。

3 **Ihr zeigt mir die Stadt.**
イーァ ツァイクト ミーァ ディー シュタット
君たちが私に街を案内してくれる。

4 **Wir fragen Hans nach der Uhrzeit.**
ヴィーァ フラーゲン ハンス ナーハ デァ ウーァツァイト
私たちはハンスに時刻を尋ねる。

5 **Wie heißt du?** -ß と -s(t) の融合
ヴィー ハイスト ドゥー
君の名前は？

練習2

1 **Du tanzt sehr gut.** -z と -s(t) の融合
ドゥー タンツト ゼーァ グート

2 **Es regnet heute sehr stark.** □調上の e
エス レーグネト ホィテ ゼーァ シュタァク

3 **Wo arbeitet ihr?** □調上の e
ヴォー アァバイテト イーァ

4 **Ich jobbe jeden Tag drei Stunden.**
イヒ ジョベ イェーデン タ―ク ドゥライ シュトゥンデン

5 **Es geht mir gut.**
エス ゲート ミーァ グート

Einheit 12 母音交替型の現在人称変化

▶彼は読書がとても好きです

現在人称変化には、規則的な語尾変化をしつつ、幹母音が交替するタイプのものがあります。このユニットでは、母音交替型を学びます。

音声 ダウンロード 付
DL-26

❶ Was isst du gern?

ヴァス　イスト　ドゥー　ゲァン

幹母音が短母音の e (essen)

❷ Was nimmst du?

ヴァス　ニムスト　ドゥー

幹母音が短母音の e (nehmen)

❸ Er liest sehr gern.

エーァ　リースト　ゼーァ　ゲァン

幹母音が長母音の e (lesen)

❹ Wohin fährst du?

ヴォヒン　フェーァスト　ドゥー

幹母音が a (fahren)

学習のポイント

① 母音交替型の現在人称変化

② 短母音は短母音へ、長母音は長母音へ

③ 母音交替型は過去形・過去分詞で不規則

日本語訳

❶ 君は何を食べるのが好きですか。

❷ 君は何を選びますか。

❸ 彼は読書がとても好きです。

❹ 君はどこに向かうのですか。

Wortschatz

動詞

☐ **nehmen** [néːmən] … ～を手に取る
　　ネーメン

☐ **lesen** [léːzən] … 読む
　　レーゼン

副詞

☐ **gern** [gɛrn] … 好んで
　　ゲァン

☐ **sehr** [seːr] … とても
　　ゼーァ

公式 **31** 幹母音の交替

　動詞や名詞、形容詞の語幹を形成する母音のことを**幹母音**といいます。動詞の場合、過去形や過去分詞でこの幹母音が**母音交替**をする**不規則動詞**があります。名詞の場合、複数形（→公式 57 参照）になったときに、この幹母音が変音（→ウムラォト：公式 3 参照）するものがあります。形容詞でも、比較級や最上級（→公式 77 参照）でウムラォトすることがあります。

laden（積む）⇨ 過去形 **lud**（a ⇨ u）
ラーデン　　　　　　　　　　　　　ルート

steigen（登る）⇨ 過去形 **stieg** /
シュタィゲン　　　　　　　　　　　　シュティーク

　　　　　　　　　過去分詞 **gestiegen**（ei ⇨ ie）
　　　　　　　　　　　　　ゲシュティーゲン

Mann（男性；単数）⇨ 複数形 **Männer**（a ⇨ ä）
マン　　　　　　　　　　　　　　　メナー

kurz（短い）⇨ 比較級 **kürzer**（u ⇨ ü）/
クァツ　　　　　　　　　　　　キュァツァー

　　　　　　　　　　最上級 **kürzest**（u ⇨ ü）
　　　　　　　　　　　　　キュァツェスト

公式 **32** 短母音 e ⇒短母音 i

　次に、動詞の母音交替のパターンを見ます。幹母音が短母音の e である動詞の多くは、主語が単数形２人称 du のときと、単数形３人称 er/sie/es のとき、母音交替を起こし、**短母音 i** に変わります。例❶の動詞 essen は、幹母音が短音の e ですので、短母音 du isst / er isst となります。

sprechen（話す）**du sprichst / er spricht**
シュプレッヒェン　　　　　　　　　　　ドゥー　シュプリヒスト　　　エーァ　シュプリヒト

schmelzen（溶ける・融ける）
シュメルツェン

　　　　　　　　　　　　　du schmilzt / er schmilzt
　　　　　　　　　　　　　　ドゥー　　シュミルツト　　　エーァ　　シュミルツト

Er gibt mir ein Buch.（geben ⇨ gibt）
エーァ ギープト ミーァ アイン　　ブーフ

　　　　　　　　　　　　　　　　彼は私に本をくれます。

Einheit 12

　なお、母音交替を起こさないものもあります（例：heben – er hebt）が、それらは個別に覚えます。

!　公式 33　長母音 e ⇒長母音 ie

　幹母音が**長母音**の e の場合は**長母音 ie** に変わります。例❸の動詞 lesen は、幹母音が長音の e ですので、長母音 du liest / er liest となります。

sehen（見る）**du siehst / er sieht**
ゼーエン　　　　　　　ドゥー　ズィースト　　　エーァ　ズィート

stehlen（盗む）**du stiehlst / er stiehlt**
シュテーレン　　　　　ドゥー　シュティールスト　　エーァ　シュティールト

　また、例❷の動詞 nehmen は、不定形では幹母音 e は長音ですが、du nimmst / er nimmt と変化し、母音直後の子音が mm となりますので、短母音 i になります。

Er nimmt Kaffee.　彼はコーヒーを選ぶ（飲む）。
エーァ　　ニムト　　　カフェー

⚠ 公式 34 母音 a ⇒ 母音 ä

幹母音が **a** である動詞の多くは、<u>主語が単数形2人称 du のときと、単数形3人称 er/sie/es のとき</u>、母音交替を起こし **ä** に変わります。

fahren（話す）**du fährst ／ er fährt**
ファーレン　　　　　　　ドゥー　フェーァスト　　エーァ　フェーァト

schlafen（眠っている）**du schläfst ／ er schläft**
シュラーフェン　　　　　　　　ドゥー　シュレーフスト　　エーァ　シュレーフト

　これに当てはまらない動詞（例：haben – du hast / er hat）は個別に覚えます。

　なお、halten（〜を保つ）– du hältst / er hält のような変化をする動詞の場合、母音交替をしていることですでに人称変化形だとわかるので、公式 30 のように渡り音の e をつける必要はありません。

! 公式 35 不規則動詞

母音交替型の動詞は、現在形だけでなく、過去基本形や過去分詞も不規則です。

不定形	過去基本形	過去分詞
essen	**aß**	**gegessen**
sprechen	**sprach**	**gesprochen**
geben	**gab**	**gegeben**
sehen	**sah**	**gesehen**
nehmen	**nahm**	**genommen**
fahren	**fuhr**	**gefahren**
schlafen	**schlief**	**geschlafen**

Ich esse zu Mittag. 　私は昼食を食べる。
　イヒ　　エッセ　　ツー　　ミッタ-ク

Er isst zu Mittag. 　彼は昼食を食べる。
エーァ イスト ツー ミッタ-ク

Ich aß zu Mittag. 　私は昼食を食べた。
　イヒ　ア-ス　ツー　ミッタ-ク

Ich habe zu Mittag gegessen.
　イヒ　　ハ-ベ　ツー　ミッタ-ク　　　ゲゲッセン

　　　　　　　　　　　　　私はもう昼食を食べた。

練習問題

練習1　主語を [　　] の語に替えて、全文を書き直しましょう。

1 **Ich esse sehr gern Fisch.** ［Anna］
イヒ　エッセ　ゼーァ　ゲァン　フィッシュ　　　　アナ
　　　　　　　　　　　　　　　　（魚）

2 **Ich fahre zu schnell Auto.** ［Er］
イヒ　ファーレ　ツー　シュネル　アォト　　　エーァ

3 **Sie lesen immer Krimis.** ［ihr］
ズィー　レーゼン　イマァ　クリーミス　イーァ
　　　　　　　　　　　　（推理小説）

4 **Man schläft im Frühling lange.** ［wir］
マン　シュレーフト　イム　フリューリング　ランゲ　　　ヴィーァ
　　　　　　　　　　　　（春）　　　（長く）

5 **Was nehmen Sie?** ［du］
ヴァス　ネーメン　ズィー　ドゥー

練習2　次の各文において、[　　] 内の動詞を適切な形に変えて空欄に入れてください。

1 **Das Baby _____ sehr gut.** ［schlafen］
ダス　ベービー　　　　　　　　　ゼーァ　グート　　　シュラーフェン
その赤ちゃんはとてもよく眠っている。

2 **Was _____ es heute?** ［geben］
ヴァス　　　　　　　　エス　ホイテ　　　ゲーベン
今日は何がありますか？

3 **Wo _____ ihr heute Abend?** ［essen］
ヴォー　　　　　　　　イーァ　ホイテ　アーベント　　　エッセン
君たちは今晩はどこで食べる？

4 **_____ du heute keine Brille?**
　　　　　　　　　　　ドゥー　ホイテ　カィネ　ブリレ
君は、今日はメガネをかけていないの？　　　　　　　　　　　　　　　　　　　　　　　　　　　　　　　　　　　　**［tragen］**
　　　　　　　　　　　　　　　　　　　　　　　　　　　　　　　　　　　　　　　トゥラーゲン

5 **Er _____ die Tagessuppe.** ［nehmen］
エーァ　　　　　　　　　ディー　ターゲスズッペ　　　ネーメン
彼は日替わりスープにする。

解答と解説

練習1

1 **Anna isst sehr gern Fisch.** 短母音 e → 短母音 i
アナ イスト ゼーァ ゲァン フィッシュ
アナは魚を食べるのがとても好きだ。

2 **Er fährt zu schnell Auto.** a → ä
エーァ フェーァト ツー シュネル アォト
彼は車を走らせるスピードが速すぎる。

3 **Ihr lest immer Krimis.** 母音交替なし
イーァ レースト イマァ クリーミス
君たちはいつも推理小説を読んでいるね。

4 **Wir schlafen im Frühling lange.**
ヴィーァ シュラーフェン イム フリューリング ランゲ
a → ä 型の動詞を不定形に戻し、wir に対する人称変化をさせる。

私たちは、春は長く眠る。

5 **Was nimmst du?**
ヴァス ニムスト ドゥー
長母音 e → 短母音 i（子音が mm になる）

君は何を注文する？

練習2

1 **Das Baby schläft sehr gut.** a → ä
ダス ベービー シュレーフト ゼーァ グート

2 **Was gibt es heute?** 長母音 e → 長母音 i
ヴァス ギープト エス ホィテ
es gibt 〜（4 格）で「〜がある」という表現

3 **Wo esst ihr heute Abend?** 母音交替なし
ヴォー エスト イーァ ホィテ アーベント

4 **Trägst du heute keine Brille?** a → ä
トゥレークスト ドゥー ホィテ カィネ ブリレ

5 **Er nimmt die Tagessuppe.**
エーァ ニムト ディー ターゲスズッペ
長母音 e → 短母音 i（子音が mm になる）

Einheit 12

Einheit 13

さまざまな役割を持つ動詞 sein, haben
▶おなかがすきました

このユニットでは、重要動詞 sein, haben にフォーカスします。どちらも本動詞としての意味のほか、完了形（→ Einheit 17）や受身形（→ Einheit 17）などにも用いられる助動詞としての用法もあり、極めて重要です。

❶ Ich bin Jurist.

イヒ　　ビン　　　ユリスト

> sein の一人称単数現在形。主要な用法である「A は B だ」の構文

❷ Wie hoch ist das?

ヴィー　　　ホーホ　　イスト　　ダス

> sein の三人称単数現在形

❸ Ich habe Hunger.

イヒ　　ハーベ　　　フンガァ

> habe の一人称単数現在形

❹ Hast du daran Interesse?

ハスト　　ドゥー　　ダラン　　　　インテレッセ

> haben の二人称（親称）単数現在形

学習のポイント

① 動詞 sein の現在人称変化
② 動詞 haben の現在人称変化

日本語訳

❶ 私は法学者です。

❷ それはどれくらいの高さですか。

❸ おなかがすきました。

❹ 君はそのことに興味がありますか。

Wortschatz

動詞

□ **sein** [zain] … 〜である
ヴィン

形容詞

□ **hoch** [hoːx] … 高い
ホーホ

疑問詞

□ **wie** [viː] … どのような
ヴィー

副詞

□ **daran** [darán] … そのことについて
ダラン

89

音声
ダウンロード
付

DL-29

!) 公式 36 動詞 sein

　動詞 sein は「〜です、います」という意味で、2項動詞です。典型的には「AはBだ」の構文(→ Einheit 6 参照) で、主語Aと補語Bをとります。ただし、Bには名詞ではなく形容詞 (形状、色、重さ、など) が来ることもあります。例❶では補語Bは名詞(Jurist) ですが、例❷は形容詞(hoch)が来ています。wie hoch で「どれくらいの高さ」という意味です。

　動詞 sein の現在人称変化は次の通りです。

	単数	複数
一人称	**ich bin**	**wir sind**
二人称 (親称)	**du bist**	**ihr seid**
二人称 (敬称)	**Sie sind**	
三人称　男性 女性 中性	**er** **sie ist** **es**	**sie sind**

Sie sind groß.　彼らは背が高い。
ズィー　ズィント　グロース

Sie ist groß.　彼女は背が高い。
ズィー　イスト　グロース

Heute ist es heiß.　今日は暑い。
ホイテ　イスト　エス　ハィス

⚡ 公式 37 動詞 haben

　動詞 **haben** は「〜を持っている」という意味で、直接目的語を1つ必要とする2項動詞です。現在人称変化は次の通りです。haben は下の表で色のついたところだけ変則的で、それ以外は規則的です。幹母音は a ですが、ä に変わる母音交替型ではありません。

	単数	複数
一人称	ich habe	wir haben
二人称 (親称)	du hast	ihr habt
二人称 (敬称)	Sie haben	
三人称　男性 女性 中性	er sie hat es	sie haben

Ich habe einen Hund.　私は犬を飼っています。
イヒ　ハーベ　アィネン　フント

Er hat Fieber.　彼は熱があります。
エーァ　ハット　フィーバー

Wir haben Durst.　私たちは喉がかわきました。
ヴィーア　ハーベン　ドゥアスト

🖉 **練習問題**

練習1 主語を、du, ihr, Max, Lasa, Max und Lisa に置き換え
て、文を書き換えましょう。

① **Ich habe Hunger.**
イヒ　ハーベ　　フンガァ

② **Was sind Sie von Beruf?**
ヴァス　ズィント ズィー フォン　ベルーフ
（職業）

③ **Ich bin aus Wien.**
イヒ　ビン　アォス　ヴィーン

練習2 （　　）に sein または haben を適切な形に変えて書き入れ、
できた文を和訳しましょう。

① **Hans (　　　　) Arzt.**
ハンス　　　　　　　アァツト
（医者）

_____

② **(　　　　　) ihr Hunger?**
イーァ　フンガァ

_____

③ **Herr Müller, (　　　　) Sie heute Zeit?**
ヘァ　　ミュラー　　　　　　　ズィー　ホィテ　ツァイト
（〜さん）

_____

④ **Woher kommen Sie? (　　　　) Sie aus Tokio?**
ヴォヘーァ　　コメン　　ズィー　　　　　　ズィー アォス　トキオ

_____

解答と解説

練習1

1. **Du hast Hunger. / Ihr habt Hunger. / Max hat Hunger. /**
ドゥー ハスト フンガァ　　イーァ ハプト フンガァ　　マックス ハット フンガァ
Lisa hat Hunger. / Max und Lisa haben Hunger.
リーザ ハット フンガァ　　マックス ウント リーザ ハーベン フンガァ
「～は空腹だ」

2. **Was bist du von Beruf? / Was seid ihr von Beruf? /**
ヴァス ビスト ドゥー フォン ベルーフ　　ヴァス ザイト イーァ フォン ベルーフ
Was ist Max von Beruf? / Was ist Lisa von Beruf? /
ヴァス イスト マックス フォン ベルーフ　　ヴァス イスト リーザ フォン ベルーフ
Was sind Max und Lisa von Beruf?
ヴァス ズィント マックス ウント リーザ フォン ベルーフ
「～の職業は何ですか?」

3. **Du bist aus Wien. / Ihr seid aus Wien. / Max ist aus**
ドゥー ビスト アォス ヴィーン　　イーァ ザイト アォス ヴィーン　　マックス イスト アォス
Wien. /Lisa ist aus Wien. / Max und Lisa sind aus Wien.
ヴィーン　リーザ イスト アォス ヴィーン　　マックス ウント リーザ ズィント アォス ヴィーン
「～はウィーン出身だ」

練習2

1. **Hans ist Arzt.**　ハンスは医者だ。
ハンス イスト アァツト

2. **Habt ihr Hunger?**　君たちはおなかすいている?
ハプト イーァ　フンガァ

3. **Herr Müller, haben Sie heute Zeit?**
ヘァ　ミュラー　ハーベン ズィー ホィテ ツァイト
ミュラーさん、今日お時間ありますか?

4. **Woher kommen Sie? Sind Sie aus Tokio?**
ヴォヘーァ　コメン　ズィー　ズィント ズィー アォス トキオ
あなたのご出身は?　あなたは東京出身ですか?

復習ドリル

練習1 次の動詞について、不定形は過去分詞に、過去分詞は過去基本形に、過去基本形は不定形に直しましょう。

1 **gestellt**
ゲシュテルト

2 **wartete**
ヴァーテテ

3 **geantwortet**
ゲアントゥヴォァテト

4 **tanzen**
タンツェン

5 **jobbte**
ジョブテ

6 **reisen**
ライゼン

練習2 空欄に、sein か haben を、適切な形に変えて書き入れましょう。

1 ハンスは大学生だ。

Hans _____ Student.
ハンス   シュトゥデント

2 アニカは時間がある。

Annika _____ Zeit.
アニカ   ツァイト

3 私は、東京出身だ。

Ich _____ aus Tokio.
イヒ   アォス   トキオ

4 あなたは18歳を超えていますか？

_____ Sie über 18?
ズィー   ユーバァ アハツェーン

5 君はおなかがすいていますか？

_____ du Hunger?
ドゥー   フンガァ

練習3　日本語に合うドイツ語文を完成させましょう。使う動詞は、[ ]に示してあります。

1 ハンスはアニカを手伝う。

Hans _____ **Annika. [helfen]**
　　ハンス　　　　　　　　　　　　　アニカ　　　　ヘルフェン

2 ハンスはアニカを駅まで車で送る。

Hans _____ **Annika zum**
　　ハンス　　　　　　　　　　　　　アニカ　　　ツム

Bahnhof. [fahren]
　バーンホーフ　　　ファーレン

3 その赤ちゃんはよく眠っている。

Das Baby _____ **gut. [schlafen]**
　ダス　ベービー　　　　　　　　　　　グート　　　シュラーフェン

4 ハンスは頻繁に新聞を読むわけではない。

Hans _____ **nicht oft Zeitungen.**
　　ハンス　　　　　　　　　　　ニヒト　オフト　ツァイトゥンゲン

[lesen]
　レーゼン

5 アニカはコーヒーを注文する。

Annika _____ **Kaffee. [nehmen]**
　アニカ　　　　　　　　　　　　　カフェー　　　ネーメン

練習4　各文の主語を[ ]に示すものに変え、全文を書き直しましょう。

1 **Ich warte auf Sie. [Hans]**
　イヒ　ヴァーテ　アォフ　ズィー　　ハンス

2 **Wohin reisen Sie? [du]**
　ヴォヒン　ライゼン　ズィー　ドゥー

3 **Haben Sie Durst? [du]**
　ハーベン　ズィー　ドゥアスト　ドゥー

4 **Wo arbeiten Sie? [Annika]**
　ヴォー　アァバイテン　ズィー　アニカ

5 **Bist du Japaner? [ihr]**
　ビスト　ドゥー　ヤパーナァ　イーア

6 **Tanzen Sie gern? [du]**
　タンツェン　ズィー　ゲァン　ドゥー

werden・話法の助動詞
▶寒くなります

重要動詞として、sein, haben に並んで werden があります。
werden も本動詞と助動詞としての用法があります。また、話
法の助動詞は、話し手の心的態度などを伝えるものです。

音声
ダウンロード
付

DL-30

❶ **Was wirst du?**

ヴァス　　ヴィァスト　ドゥー

> werden の二人称（親称）単数現在形

❷ **Es wird kalt.**

エス　　ヴィァト　　カルト

> werden の三人称単数現在形

❸ **Ich kann Türkisch.**

イヒ　　　カン　　　テュァキシュ

> 話法の助動詞 können の一人称単数現在形

❹ **Ich muss nach Hause.**

イヒ　　　ムス　　　ナーハ　　　ハォゼ

> 話法の助動詞 müssen の一人称単数現在形

学習のポイント

① 動詞 werden の現在人称変化
② 話法の助動詞とその現在人称変化

日本語訳

❶ 君は何になるの？

❷ 寒くなります。

❸ 私はトルコ語ができます。

❹ 私は家に帰らないといけない。

Wortschatz

動詞

□ **können** [kǿnən] … ～ができる
ケネン

□ **müssen** [mýsən] … ～する必要が
ミュッセン　　　　　ある

名詞

□ **Türkisch** [týrkɪʃ] … N トルコ語
テュルキシュ

□ **Haus** [haus]
ハオス … N 家（3格の古形 **Hause**）
ハォゼ

形容詞

□ **kalt** [kalt] … 寒い
カルト

疑問詞

□ **was** [vas] … 何が・を
ヴァス

前置詞

□ **nach** [naːx] … ～に向かって
ナーハ

97

音声
ダウンロード
付

DL-31

公式 38 動詞 werden

　動詞 werden は、典型的には「AがBになる」という意味の2項動詞です。主語Aと補語Bをとりますが、Bには名詞だけではなく形容詞（形状、色、重さ、など）や数詞が来ることもあります。例❶では、Bは疑問詞（was）になっています。動詞 werden の現在人称変化は次の通りです。色がついたところだけ変則的です。幹母音は**短母音 e** で、これが**短母音 i に変わる母音交替型**です。

	単数	複数
一人称	**ich werde**	**wir werden**
二人称（親称）	**du wirst**	**ihr werdet**
二人称（敬称）	**Sie werden**	
三人称　男性 女性 中性	**er sie wird es**	**sie werden**

（例）**Ich werde Lehrer.**　僕は教師になります。
　　　イッヒ　　ヴェァデ　　　レーラァ

　　　Sie wird Lehrerin.　彼女は教師になります。
　　　ズィー　ヴィァト　　レーレリン

　　　Bald wird es warm.　もうすぐ暖かくなります。
　　　バルト　ヴィァト　エス　ヴァァム

❗ 公式 39 話法の助動詞（単独用法）

　助動詞は、本動詞を伴って「～することを……する」というように、複合的な動詞句を作ります（→ Einheit 15 参照）。しかしここでは、複合的な形ではなく単独用法で紹介します。まずは「**話法の助動詞**」の用法と、その現在人称変化を覚えましょう。

●意志　**wollen**（～するつもりだ）

　（例）**Ich will das.**　私はそれを望んでいます。
　　　　イヒ　ヴィル　ダス

●他者の意志　**sollen**（……が～を望んでいる／～すべきだと思っている）

　（例）**Das sollst du nicht.**
　　　　ダス　ゾルスト　ドゥー　ニヒト
　　　　君はそれをすべきではないと、周りが思っている。

●可能性　**können**（～できる／～でありうる）

　（例）**Wir können das.**　私たちはそれができる。
　　　　ヴィーァ　ケネン　ダス

●必要性　**müssen**（～でなければならない／～であるに違いない）

　（例）**Es muss so sein.**　そうでなければならない。
　　　　エス　ムス　ゾー　ザイン　　／そうに違いない。

●許可　**dürfen**（～してもよい）

　（例）**Das darfst du.**　君はそれをしても構わない。
　　　　ダス　ダァフスト　ドゥー

●願望　**möchte**（できれば～したい）不定形なし

　（例）**Ich möchte das.**　私はそれをしたいと思います。
　　　　イヒ　メヒテ　ダス

【話法の助動詞の現在人称変化のまとめ】

▶ wollen, können, dürfen, müssen

①単数形で母音交替、②単数１人称・３人称は無語尾、③単数２人称は②+**st**

		wollen	**können**	**dürfen**	**müssen**
単数	1人称	**ich will**	**ich kann**	**ich darf**	**ich muss**
	2人称	**du willst**	**du kannst**	**du darfst**	**du musst**
	3人称	**er will**	**er kann**	**er darf**	**er muss**
複数	1人称	wir wollen	wir können	wir dürfen	wir müssen
	2人称	**ihr wollt**	**ihr könnt**	**ihr dürft**	**ihr müsst**
	3人称	sie wollen	sie können	sie dürfen	sie müssen

▶ sollen

①母音交替なし、
②単数１人称・３人称は無語尾、
③単数２人称は②+**st**

		sollen
単数	1人称	**ich soll**
	2人称	**du sollst**
	3人称	**er soll**

複数	1人称	**wir sollen**
	2人称	**ihr sollt**
	3人称	**sie sollen**

▶ möchte

①母音交替なし、
②単数１人称・３人称は見出し語と同じ、
③単数２人称は②+**st**

		möchten
単数	1人称	**ich möchte**
	2人称	**du möchtest**
	3人称	**du möchte**

複数	1人称	**wir möchten**
	2人称	**ihr möchtet**
	3人称	**sie möchten**

Kaffeepause

ロマンチックな？街道

　ドイツの観光街道として有名なのはロマンチック街道ですが、ほかにもゲーテ街道、メルヘン街道、古城街道、アルペン街道など、たくさんあります。オーストリアならワイン街道、木材街道、鉄街道、スイスならアルプス湖畔街道や聖ヤーコプの道など、見どころ満載です。ここでは、古城街道、鉄街道、聖ヤーコプの道を簡単に紹介します。

○古城街道（ドイツ）

　ドイツ南西部のマンハイムから、ドイツを横断してチェコのプラハまでを東西に結ぶ、古城が連なるルートです。主な町は、ハイデルベルク（哲学の道が有名）、バンベルク（旧市街が世界遺産）、ニュルンベルク（クリスマスマーケットが有名）、プラハ（世界遺産）です。

○鉄街道（オーストリア）

　オーストリア第二の都市グラーツと第三の都市リンツの間、3つの州にまたがります。この街道における最高地点は海抜 1,465 メートルのエルツベルクで、鉄鋼山見学コースがあります。カルチャーパーク（イブジッツ）には 21 の博物館と 6 軒の鍛冶屋があります。

○聖ヤーコプの道（スイス）

　巡礼地サンティアゴ・デ・コンポステーラ（スペイン）に向かう途上にあり、湖をわたる唯一の木製橋（全長 841 メートル）は、ハプスブルク家が 14 世紀に建造し、「聖ヤコブの道」として知られています。巡礼者が泊まった町は中世の町そのままです。

練習問題

練習1 主語を[ ]に示すものに替えて、全文を書き直しましょう。

1 **Wir werden dieses Jahr vierzig.** [ich]
ヴィーァ ヴェアデン ディーゼス ヤーァ フィァツィヒ イヒ
　　　　　　　　　　　　　　　(今年)

2 **Er wird wohl heute nicht kommen.**
エーァ ヴィァト ヴォール ホイテ ニヒト コメン
　　　　　　　(きっと)
[Max und Moritz]
マックス ウント モーリツ

3 **Können Sie Ski fahren?** [du]
ケネン ズィー シー ファーレン ドゥー

4 **Man muss das nicht unbedingt machen.**
マン ムス ダス ニヒト ウンベディンクト マッヘン
　　　　　　　　　　(絶対に) (やる、行う)[ihr]
イーァ

5 **Ich soll zum Arzt gehen.** [du]
イヒ ゾル ツム アァツト ゲーエン ドゥー

練習2 [ ]の動詞を適切な形に変えて空欄に入れてください。

1 **Du _____ ruhig schon essen.** [können]
ドゥー ルーイヒ ショーン エッセン ケネン
君は遠慮せず先に食べていいよ。

2 **Es _____ heute regnen.** [werden]
エス ホイテ レーグネン ヴェァデン
今日は雨が降るだろう。

3 **Was _____ man in München sehen?**
ヴァス マン イン ミュンヒェン ゼーエン
ミュンヘンではこれは見るべきというものは何がありますか。 **[müssen]**
ミュッセン

4 **Hier _____ man nicht parken.**
ヒーァ マン ニヒト パァケン
ここでは駐車禁止です。 **[dürfen]**
デュアフェン

5 **Du _____ langsam ins Bett gehen.**
ドゥー ラングザーム インス ベット ゲーエン
君はそろそろ就寝したほうがいいよ。 **[werden]**
ヴェァデン

解答と解説

練習1

1 **Ich werde dieses Jahr vierzig.**
イヒ ヴェァデ ディーゼス ヤーァ フィァツィヒ
私は今年 40 歳になります。

2 **Max und Moritz werden wohl heute nicht kommen.**
マックス ウント モーリツ ヴェァデン ヴォール ホィテ ニヒト コメン
マックスとモーリツは今日はきっと来ないだろう。

3 **Kannst du Ski fahren?**
カンスト ドゥー シー ファーレン
君はスキーを滑れますか。

4 **Ihr müsst das nicht unbedingt machen.**
イーァ ミュスト ダス ニヒト ウンベディンクト マッヘン
君たちはそれを絶対にしないといけないということではない。

5 **Du sollst zum Arzt gehen.**
ドゥー ゾルスト ツム アァット ゲーエン
君は医者に診察してもらったほうがいいよ。

練習2

1 **Du kannst ruhig schon essen.**
ドゥー カンスト ルーイヒ ショーン エッセン

2 **Es wird heute regnen.**
エス ヴィァト ホィテ レーグネン

3 **Was muss man in München sehen?**
ヴァス ムス マン イン ミュンヒェン ゼーエン

4 **Hier darf man nicht parken.**
ヒーァ ダァフ マン ニヒト パァケン

5 **Du wirst langsam ins Bett gehen.**
ドゥー ヴィァスト ラングザーム インス ベット ゲーエン

複合動詞・複合動詞句
▶お互いに連絡を取り合いましょう

助動詞と本動詞を組み合わせると複合的な表現が可能になります。ここでは、「不定詞＋不定詞」「本動詞＋助動詞」「前つづり＋不定詞」の3種類の動詞複合体を学習します。

音声
ダウンロード
付

DL-32

❶ **Heute gehen wir zusammen**
ホィテ　　　　ゲーエン　　ヴィーァ　　　　ツザメン

essen.
エッセン

essen gehen で「食べに行く」という複合動詞

❷ **Kannst du gut kochen?**
カンスト　　ドゥー　グート　　コッヘン

kochen können で「料理ができる」という一種の複合表現

❸ **Lass uns in Kontakt bleiben!**
ラス　　ウンス　イン　　コンタクト　　ブライベン

不定詞 + 使役動詞 lassen で「〜させる」

❹ **Wann kommen wir in Berlin an?**
ヴァン　　　コメン　　ヴィーァ イン　ベァリーン　　アン

an|kommen「到着する」という分離動詞

🔍 学習のポイント

① 枠構造
② 話法の助動詞構文
③ 使役構文
④ 分離動詞

日本語訳

❶ 今日は、私たちは一緒に食べに行きます。

❷ 君は上手に料理できる？

❸ お互いに連絡を取り合いましょう。

❹ いつベルリンに着きますか。

Wortschatz

動詞

☐ **kochen** [kɔ́xən] … 料理する
　　コッヘン

☐ **lassen** [lásən] … 〜を…させる
　　ラッセン

☐ **bleiben** [bláibən] … とどまる
　　ブライベン

☐ **an|kommen** [ánkɔmən]
　　アンコメン　　　　　　 … 到着する

名詞

☐ **Kontakt** [kɔntákt] … Ⓜ 連絡
　　コンタクト

副詞

☐ **heute** [hɔ́ʏtə] … 今日
　　ホイテ

☐ **zusammen** [tsuzámən] … 一緒に
　　ツザメン

☐ **wann** [van] … いつ
　　ヴァン

代名詞

☐ **uns** [úns] … 私たちに・を
　　ウンス

DL-33

⚠ 公式 **40** 動詞の複合体

　ここまで学んだドイツ語の文構造は、次のように書き表すことができます。

```
          定動詞                        不定詞句
主語 [          ]    副詞 目的語 [ 不定詞 ]
```

　動詞は、「食べに行く」(essen gehen) や「泳ぎを習う」(schwimmen lernen) のように、複合的に使われることもあります。この場合、主要な部分は「行く」や「習う」ですので、gehen や lernen が定動詞の位置に置かれます。動詞 2 (gehen) と動詞 1 (essen) が文の前方と後方に分かれる枠構造 (→公式 21 参照) です。

　例文❶は、次のような形になっています。

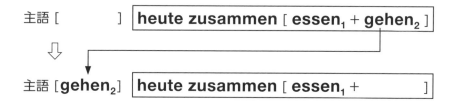

```
主語 [          ]    heute zusammen [ essen₁ + gehen₂ ]

   ⇩

主語 [gehen₂]       heute zusammen [ essen₁ +          ]
```

Heute gehen wir zusammen essen.
ホィテ　　　　ゲーエン　　ヴィーァ　　　ツザメン　　　　　エッセン

（例）**im Meer schwimmen lernen** （不定詞句）
イム　メーア　　　シュヴィメン　　　レァネン

海で泳ぎを習うこと

Ich lerne im Meer schwimmen.
イヒ　　レァネ　　イム　　メーア　　　　シュヴィメン

　　　　　　　　　　　私は海で泳ぎを習います。

公式 41 本動詞＋助動詞

　公式 40 の応用として、不定詞 1 が本動詞、不定詞 2 が助動詞であれば、「泳ぐ＋できる（＝泳げる）」（schwimmen können）のような、動詞の複合体を作ることができます。例❷では、kochen können（料理ができる）というフレーズの、助動詞 können（動詞2）が前方に置かれ、本動詞 kochen（動詞1）が文末に据え置かれます。

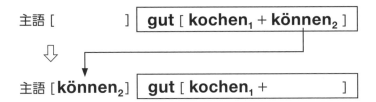

主語 [　　　　　　　] **gut [kochen₁ + können₂]**

⇩

主語 [**können₂**] **gut [kochen₁ +** 　　　　　]

Kannst du gut kochen?
カンスト　　ドゥー　グート　　　コッヘン

　本動詞は、定動詞ではないため、不定形のままです。

im Meer schwimmen können （不定詞句）
イム　　メーア　　　シュヴィメン　　　　　ケネン

　　　　　　　　　　　　　　　海で泳げること

Ich kann im Meer schwimmen.
イヒ　　カン　イム　メーア　　　シュヴィメン

　　　　　　　　　　　　　　私は海で泳げます。

公式 42 目的語＋本動詞＋使役動詞

　使役動詞を用いた構文もあります。lassen という使役動詞は「〜させる」という意味です。何かをさせるように仕向ける相手が必要で、4 格目的語が添えられます。「AにBをさせる」というとき、A＝4格目的語、B＝本動詞です。例❸でAに当たる uns は wir（私たちが）の4格形です。英語の let's（= let us）に対応します。

主語 [lassen₂] | uns [in Kontakt bleiben₁ + 　　　　　　] |

Lass uns in Kontakt bleiben!
ラス　　ウンス　イン　　コンタクト　　　　ブライベン

なお、例❸は命令文なので、定動詞第一位です。

！ 公式 43 分離動詞（前つづり＋基礎動詞）

　英語には wake up や take off のような動詞＋副詞の熟語動詞があります。ドイツ語ではこのような場合、副詞（前つづり）が動詞に取り込まれ1語になります。例❹では an+kommen という動詞（ankommenで1語）が用いられています。下記のように書き表すことができます。

主語 [kommen₂] 　　　 | [in Berlin an₁+ 　　　　　　] |

Wann kommen wir in Berlin an?
ヴァン　　　　コメン　　　ヴィーァ イン　ベァリーン　　アン

　この「副詞（前つづり）＋動詞」で1語になったものを**分離動詞**といいます。前つづりには以下のようなものがあります。
an-, auf-, aus-, nach-, vor-, zu-

auf|stehen 起きる

Ich stehe morgen um sechs auf.
イヒ　シュテーエ　　モァゲン　　　ウム　　ゼクス　　アォフ

　　　　　　　　　　　　　　私は朝 6 時に起きます。

Kaffeepause

エコ先進国？

　EU では、2018 年、「使い捨てのプラスチック製品」の使用禁止が可決され、2021 年から実施されることになりました。具体的には、テークアウト食品についてくるプラスチックフォークやスプーン、カップ、ストローなどです。それに関連して、オーストリアでは 2020 年 1 月から「ポリ袋」の小売り販売が禁止されました。ドイツでも、2022 年 1 月からポリ袋が販売禁止となるという取り決めがなされました。

　日本では、レジ袋の有料化が 2020 年 7 月から始まりましたが、オーストリアでは、すでに脱プラスチックがスタートしています。ポリ袋の小売販売が禁止されたのであって、有料化はずっと前からです。筆者が初めてドイツに行った 1995 年にはすでにレジ袋は有料でした。ポリエチレンから脱却して、今はトウモロコシやジャガイモ、サトウキビを使ったバイオプラスチックの袋がその代替品としてよく使われています。

　スーパーマーケットで売っている 10 個入り卵のパックは、ドイツもオーストリアもスイスも紙製です。紙のほうが卵を衝撃からも守れますし、エコです。日本ではなぜプラスチックなのでしょうか？　運搬や陳列がしやすいから、かもしれませんね。その反面、ドイツやオーストリアでシャンプーやボディソープに詰め替え用がないのは不思議です。日本では、レジ袋の対応は遅かったかもしれませんが、シャンプーのボトルはリユース（再利用）しています。国によって、エコの形はさまざまで、国民性が垣間見られるようです。

✎ 練習問題

練習1　　[　]内の動詞を適切な形に変えて空欄に入れてください。

1　**Wir** ＿＿＿＿＿＿ **um 13.11 Uhr in Berlin**
ヴィーア　　　　　　　　　　　ウム　ドゥライツェーンウーァエルフ　イン　ベァリーン
（～時）
＿＿＿＿＿. **[ankommen]**
アンコメン

2　**Wir** ＿＿＿＿ **heute Abend** ＿＿＿＿. **[gehen, essen]**
ヴィーア　　　　　　ホイテ　アーベント　　　　　　　　　ゲーエン　エッセン

3　＿＿＿＿ **Sie mich davon** ＿＿＿＿! **[lassen, wissen]**
ズィー　ミッヒ　ダフォン　　　　　　　　ラッセン　ヴィッセン
（そのことを）

4　**Man** ＿＿＿＿ **in Wien den Dom** ＿＿＿＿.
マン　　　　　　　　イン　ヴィーン　デン　ドーム
（大聖堂）
[müssen, sehen]
ミュッセン　　　　　ゼーエン

練習2　　与えられた語句を並べ替えて、日本語に合う文を完成させ
ましょう。なお、それぞれ使わない語が1語ずつ入っています。
また、文頭に来る語でも小文字で示してあります。

1　人が私に明日来させる。（＝明日、来なければならない。）
{ kommen / lässt / man / mich / morgen / muss }.
コメン　　　レスト　　マン　　ミッヒ　　モァゲン　　ムス

＿＿＿＿＿＿＿＿＿＿＿＿＿＿＿＿＿＿＿＿＿＿＿

2　あなたは、いつ東京に到着されますか。
{ an / in Tokio / kommen / nicht / Sie / wann }?
アン　イン　トキオ　　　コメン　　　ニヒト　ズィー　ヴァン

＿＿＿＿＿＿＿＿＿＿＿＿＿＿＿＿＿＿＿＿＿＿＿

3　君はとても上手に料理ができるね。
{ darfst / du / gut / kannst / kochen / sehr }.
ダァフスト　ドゥー　グート　カンスト　　コッヘン　ゼーァ

＿＿＿＿＿＿＿＿＿＿＿＿＿＿＿＿＿＿＿＿＿＿＿

解答と解説

練習1

1 **Wir kommen um 13.11 Uhr in Berlin an.**
ヴィーア　コメン　ウム　ドゥライツェーンウーァエルフ　イン　ベァリーン　アン
私たちは 13 時 11 分にベルリンに到着します。

2 **Wir gehen heute Abend essen.**
ヴィーァ　ゲーエン　ホィテ　アーベント　エッセン
私たちは今晩食事に行きます。

3 **Lassen Sie mich davon wissen!**
ラッセン　ズィー　ミッヒ　ダフォン　ヴィッセン
私にそのことを知らせてください。

4 **Man muss in Wien den Dom sehen.**
マン　ムス　イン　ヴィーン　デン　ドーム　ゼーエン
ウィーンでは大聖堂を見なければならない。

練習2

1 **Man lässt mich morgen kommen.**
マン　レスト　ミッヒ　モァゲン　　コメン
lässt は使役動詞 lassen の三人称単数現在形。
kommen lassen で「来させる」で、それを mich（私）に対して働きかけをしている、という構図。

2 **Wann kommen Sie in Tokio an?**
ヴァン　　コメン　　ズィー　イン　トキオ　アン
ankommen は分離動詞。

3 **Du kannst sehr gut kochen.**
ドゥー　カンスト　ゼーァ　グート　コッヘン

過去人称変化

▶私はまだ一度もウィーンに行ったことがありません

これまでは時制を現在形に限定して、助動詞を用いた文などの複合的な構文まで見てきました。このユニットでは、時制を過去にして、これまでに見た構文をなぞってみます。

音声
ダウンロード
付

DL-34

❶ Ich war noch nie in Wien.

イヒ　ヴァーァ　　ノッホ　　ニー　　イン　　ヴィーン

主語が ich のときは、過去基本形に無語尾の形

❷ Hattest du Fieber?

ハッテスト　　　ドゥー　　フィーバァ

主語が du のときは、過去基本形に -st の形

❸ Konntet ihr das nicht früher sagen?

コンテット　　イーァ　　ダス　　ニヒト　　フリューァ　　ザーゲン

主語が ihr のときは、過去基本形に -t の形

❹ Das wollte ich sagen.

ダス　　　　ヴォルテ　　　イヒ　　　ザーゲン

❺ Wir kamen spät an.

ヴィーァ　　　カーメン　　シュペート　　アン

主語が wir のときは、過去基本形に -en の形

学習のポイント

① 過去基本形
② 過去基本形の人称変化
③ 過去形の用法

日本語訳

❶ 私はまだ一度もウィーンに行ったことがありません。

❷ 君は熱があったの？

❸ 君たち、それをもっと早く言えなかったの？

❹ それを私は言いたかったのです。

❺ 私たちは遅れて到着しました。

Wortschatz

名詞

□ **Fieber** [fíːbər] … **N** 発熱
フィーバァ

副詞

□ **noch** [nɔx] … まだ・なお
ノッホ

□ **nie** [niː] … 一度も〜ない
ニー

□ **früher** [frýːər] … もっと早く
フリューア

形容詞

□ **spät** [ʃpɛt] … 遅い
シュペート

Einheit 16

公式 **44** 過去基本形

　規則的な過去基本形は公式 26 で見たとおり、「語幹 +te」です。
不規則動詞の過去基本形は、語幹のみ（語尾無し）で、かつ母音交替が
起こります。主なパターンは次のとおりです。
　　①不定詞の幹母音 e → 過去基本形の幹母音 a（例：helfen – half）
　　②不定詞の幹母音 i → 過去基本形の幹母音 a（例：finden – fand）
　　③不定詞の幹母音 a → 過去基本形の幹母音 u（例：fahren – fuhr）
　　④不定詞の幹母音 a → 過去基本形の幹母音 ie（例：fallen – fiel）
　　⑤不定詞の幹母音 ei → 過去基本形の幹母音 i/ie（例：bleiben –
　　　blieb）
　　⑥不定詞の幹母音 ie → 過去基本形の幹母音 o（例：fliegen – flog）
※①のタイプは、現在形でも e → i 型の母音交替が起こるものです。

　なお、sein, haben, werden は、過去基本形はそれぞれ war, hatte,
wurde です。

公式 **45** 過去人称変化

　現在人称変化と同様に、主語に応じた人称変化があります。その変
化は、話法の助動詞（können – ich kann / du kannst / er kann /
wir können / ihr könnt / sie können）と同じパターンです。次の表
のようになります。

	単数	複数
一人称	**ich -△**	**wir -en**
二人称（親称）	**du -st**	**ihr -t**
二人称（敬称）	**Sie -en**	

三人称　男性 　　　　女性 　　　　中性	er sie -△ es	sie -en

112 ページの例は、それぞれ次のような変化をしています。

❶ sein – war : ich war△

❷ haben – hatte: du hattest

❸ können – konnte: ihr konntet

❺ kommen – kam: wir kamen

なお、例❺は、ankommen という分離動詞（公式 43 参照）でしたので、kam ... an と、枠構造になるのは現在形と同じです。

Einheit 16

⚠ 公式 46 過去形の用法

過去形は、現在とは切り離して、過去に起こった出来事や動作を表します。そのため、史実を記述したり、小説など物語が現実とは別に淡々と語られるときに使います（書き言葉的と言ってもいいです）。また、履歴書も、人の歩みを客観的に書きますので過去形です。

Es regnete gestern.　昨日、雨が降った。
エス　　　レーグネテ　　　ゲスターン

Der Krieg endete hier.
デァ　　クリーク　　　エンデテ　　ヒーァ

　　　　　　　　戦争はこの場所で終わった。

Der Kaiser starb 1888.
デァ　　　カイザー　　シュタープ　アハツェーンフンダートアハトウントアハツィヒ

　　　　　　　1888 年、皇帝が亡くなった。

過去の出来事が現在にまでつながっていることを表すには、現在完了形（→ Einheit 17）を用いますが、その使い分けは後述します。

練習問題

練習1 次に挙げるのは動詞の不定形と過去基本形の母音交替のパターンです。これを参考に、1〜5の動詞の過去基本形を答えましょう。

fliegen – flog
sterben – starb
bleiben – blieb
fallen – fiel
singen – sang

1 **schreiben –**

2 **stehlen –**

3 **springen –**

4 **frieren –**

5 **lassen –**

練習2 ［　］内の動詞を、練習1の一覧を見ながら過去基本形にし、さらに主語に合う形に直して空欄に書きましょう。

1 **Hans ＿＿＿＿＿＿ Anna. ［helfen］**
ハンスはアナを手伝った。

2 **Wir ＿＿＿＿＿ ein Lied. ［singen］**
私たちは歌を一曲歌った。

3 **＿＿＿＿＿ ihr den ganzen Tag zu Hause? ［bleiben］**
君たちは一日中、家にいたの？

4 **Wie ＿＿＿＿＿ du das? ［finden］**
君はそのことについてどう思った？

解答と解説

練習1

bleiben – blieb 留まる

fallen – fiel 落ちる

fliegen – flog 飛ぶ

singen – sang 歌う

sterben – starb 死ぬ

1. **schreiben – schrieb** 書く
   シュラィベン　　シュリープ

2. **stehlen – stahl** 盗む
   シュテーレン　シュタール

3. **springen – sprang** ジャンプする
   シュプリンゲン　シュプラング

4. **frieren – fror** 凍える
   フリーレン　フロ-ァ

5. **lassen – ließ**
   ラッセン　　リース
   〜させる (二重母音は長母音であり、長母音のあとは ß)

練習2

1. **Hans half Anna.**
   ハンス ハルフ アナ

2. **Wir sangen ein Lied.**
   ヴィ-ァ ザンゲン アィン リート

3. **Bliebt ihr den ganzen Tag zu Hause?**
   ブリープト イ-ァ デン ガンツェン タ-ク ツー ハォゼ

4. **Wie fandest du das?** (口調上の e)
   ヴィー ファンデスト ドゥー ダス

Einheit 17

受動態と完了形
▶その橋は再建されました

このユニットでは、受動態と完了形を学習します。どちらも枠構造が大切な構文です。

音声
ダウンロード
付
DL-36

❶ In Österreich wird Deutsch
イン　　　エースタァライヒ　　　ヴィァト　　　　ドィッチュ
gesprochen.
ゲシュプロッヘン

受け身の助動詞 werden の現在形（三人称単数）

❷ Die Brücke wurde wieder
ディー　　　ブリュッケ　　　ヴァデ　　　　ヴィーダァ
gebaut.
ゲバォト

過去時制の受動文

❸ Haben Sie gut geschlafen?
ハーベン　　　ズィー　　グート　　　　ゲシュラーフェン

完了の助動詞 haben を使った現在完了形です

❹ Ich bin nach Berlin gefahren.
イヒ　　ビン　　　ナーハ　　　ベァリーン　　　ゲファーレン

助動詞 sein を使った、移動を表す動詞の完了形

118

学習のポイント

① 受動態の用法
② 完了形の用法
③ 他動詞の完了形
④ 自動詞の完了形

日本語訳

❶ オーストリアではドイツ語が話されています。

❷ その橋は再建されました。

❸ あなたはよく寝ましたか。

❹ 私はベルリンに行ってきました。

Wortschatz

動詞

□ **wieder bauen** [víːdər] [báuən]
ヴィーダァ　　バォエン
再建する

□ **schlafen** [ʃláːfən] … 眠っている
シュラーフェン

名詞

□ **Brücke** [brʏkə] … **F** 橋
ブリュッケ

□ **Österreich** [óːstəraiç]
エースタァライヒ
… **N** オーストリア

Einheit 17

音声 ダウンロード付
DL-37

! 公式 47 受動文

受動文は、過去分詞＋werden で表されます。「〇〇された状態、その状態になる」という意味です。例❶で見てみましょう。

[能動文] **In Österreich spricht man Deutsch.**
イン　エースタァライヒ　シュプリヒト　マン　ドィッチュ
　　　　　　　　　　　　　　オーストリアでは、人々はドイツ語を話す。

[受動文] **In Österreich wird Deutsch gesprochen.**
イン　エースタァライヒ　ヴィァト　ドィッチュ　ゲシュプロッヘン
　　　　　　　　　　　　オーストリアではドイツ語が話される。

目的語がメインに取り立てられるのが受動文です。主語は Deutsch になり、助動詞 werden の現在人称変化は wird です。

! 公式 48 完了形の用法

公式 46 で、過去形は現在と切り離されているイメージと書きました。それに対し、現在完了形は過去の出来事の結果が現在にまでつながっているイメージです。例❷で考えてみましょう。

[過去形] **Die Brücke wurde im Jahr 1600**
ディー　ブリュッケ　ヴァデ　イム　ヤーァ　ゼヒツェーンフンダート

wieder gebaut.　　その橋は 1600 年に再建された。
ヴィーダァ　ゲバォト

[現在完了形] **Die Brücke ist wieder gebaut**
ディー　ブリュッケ　イスト　ヴィーダァ　ゲバォト

worden.　　その橋は再建された。
ヴォァデン

120

　例❷は受動文の例ですが、時制が過去です。過去に「その橋は再建された」と言っているだけで、今もまた壊れているかもしれません（せっかく再建されたものが戦禍で壊れることは欧州では珍しくありません）。それに対して現在完了形の場合、再建されて、現在も無事な姿を見せてくれている、という意味になります。この違いです。

　過去完了は、過去の時点から見て、すでに起こったことを言いますので、二つの出来事に時間の前後関係があるときに使います。

過去完了　　　　　　　　　　　　　　　　現在完了

Ich hatte etwas vergessen und ich habe
イヒ　　ハッテ　　エトヴァス　　　フェアゲッセン　　　ウント　イヒ　　ハーベ

den Bus verpasst.　忘れ物をしたので、バスに乗り遅れた。
デン　　ブス　　フェァパスト

⚠️ 公式 49 他動詞の完了形

　他動詞は4格目的語をとる動詞で、多くの場合、自分で意識的にできること（ピザを食べる、映画を見る、友達に電話する…）を表し、助動詞に haben を用いて完了形を作ります（**過去分詞 +haben**）。「自分で〇〇した状態、それを持っている」という意味です。

eine Pizza gegessen haben（完了不定詞）
アィネ　　　ピッツァ　　　ゲゲッセン　　　　ハーベン
　　　　　　　　　　　　　　　　　　　　　　（ピザを食べた）

Ich habe eine Pizza gegessen.　ピザを食べた。
イヒ　　ハーベ　アィネ　ピッツァ　　　ゲゲッセン

⚠️ 公式 50 自動詞の完了形

　自動詞は、①「泳ぐ、働く…」など意識してすることと、②「（氷が）溶ける、（20歳に）なる」などのような自然の現象や変化を表すものに分けられます。①のほうは、他動詞に通じるところがあり、**haben を用いた完了形**になります。❸はその例です。

Er hat viel gearbeitet.　彼はたくさん働いた。
エーァ　ハット　フィール　　ゲアァバイテト

②のほうは「状態」にかかわりますので、助動詞は sein とし、**過去分詞 +sein**（「自然と○○になった状態、その状態にある」という意味です。

Das Eis ist geschmolzen. その氷は溶けた。
ダス　アィス イスト　　　ゲシュモルツェン

❹は、場所の移動を表しており、変化（場所の変化）にかかわるので、sein を使います。

❹ nach Berlin gefahren <u>sein</u> （完了不定詞）
ナーハ　　ベァリーン　　　ゲファーレン　　　ザィン

Ich <u>bin</u> nach Berlin gefahren.
イッヒ　ビン　　ナーハ　　ベァリーン　　　ゲファーレン

Kaffeepause

ドイツ語の月（暦）の言い方

ドイツ語の月（**Monat**）の名称は、すべて男性名詞です。
モーナト

1月	**der Januar**（オーストリア **Jänner**）
	デァ　ヤヌアァ　　　　　　　　　　イェナー
2月	**der Februar**
	デァ　フェーブルアァ
3月	**der März**
	デァ　メァツ
4月	**der April**
	デァ　アプリル
5月	**der Mai**
	デァ　マイ
6月	**der Juni**
	デァ　ユーニ
7月	**der Juli**
	デァ　ユーリ
8月	**der August**
	デァ　アウグスト
9月	**der September**
	デァ　ゼプテンバァ
10月	**der Oktober**
	デァ　オクトーバァ
11月	**der November**
	デァ　ノヴェンバァ
12月	**der Dezember**
	デァ　デツェンバァ

　6月 **Juni** と7月 **Juli** は音が似ているため、口頭では **Juni** を
Juno として、音の響きを変えることができます（同じことは、数字の
ユノー
2 **zwei** と3 **drei** にも言えます。2のほうを **zwo** とすることができ
ツヴァイ　　　　ドゥライ　　　　　　　　　　　　　　　　　ツヴォー
ます）。

練習問題

練習1 現在形の文を、現在完了形に直しましょう。

1 **Wir spielen Fußball.** 私たちはサッカーをする。
ヴィーァ シュピーレン フースバル
→

2 **Ich jobbe am Samstag.** 私は土曜日にアルバイトをする。
イヒ ジョベ アム ザムスターク
→

3 **Er fährt nach München.** 彼はミュンヘンに行く。
エーァ フェーァト ナーハ ミュンヒェン
→

4 **Maria und Julia helfen mir.** マリアとユーリアが私を手伝う。
マリア ウント ユーリア ヘルフェン ミーァ
→

5 **Du wirst vierzig.** 君は40歳になる。
ドゥー ヴィァスト フィーァツィヒ
→

練習2 能動文を受動文に直しましょう。

1 **Deutsch spricht man auch in der Schweiz.**
ドイッチュ シュプリヒト マン アォホ イン デア シュヴァイツ
→   ドイツ語は、スイスでも人々が話している。

2 **Man arbeitet am Sonntag nicht.**
マン アァバイテト アム ゾンターク ニヒト
→   人は日曜日には働かない。

3 **Er dankt mir.** 彼は私に感謝しています。
エーァ ダンクト ミーァ
→

4 **Sie hilft uns.** 彼女は私たちを手伝ってくれる。
ズィー ヒルフト ウンス
→

Einheit 17

解答と解説

練習1

1. **Wir haben Fußball gespielt.**
   ヴィーァ ハーベン フースバル ゲシュピールト

2. **Ich habe am Samstag gejobbt.**
   イヒ ハーベ アム ザムスターク ゲジョブト

3. **Er ist nach München gefahren.**
   エーァ イスト ナーハ ミュンヒェン ゲファーレン

   移動（場所の変化）を表す動詞では、sein を用いて完了形を作る。

4. **Maria und Julia haben mir geholfen.**
   マリア ウント ユーリア ハーベン ミーァ ゲホルフェン

5. **Du bist vierzig geworden.**
   ドゥー ビスト フィーァツィヒ ゲヴォァデン

   変化を表す動詞では、sein を用いて完了形を作る。

練習2

1. **Deutsch wird auch in der Schweiz gesprochen.**
   ドイッチュ ヴィァト アォホ イン デア シュヴァイツ ゲシュプロッヘン

2. **Es wird am Sonntag nicht gearbeitet.**
   エス ヴィァト アム ゾンターク ニヒト ゲアァバイテト

   または **Am Sonntag wird nicht gearbeitet.**
   アム ゾンターク ヴィァト ニヒト ゲアァバイテト

   能動文に4格目的語がないときは、形式主語の es を主語にする。

3. **Es wird mir (von ihm) gedankt.** または **Mir wird (von ihm)**
   エス ヴィァト ミーァ フォン イーム ゲダンクト　　　　ミーァ ヴィァト フォン イーム
   gedankt.
   ゲダンクト

   2と同じで形式主語の es を使う。受動文では動作主を前面には押し出さないので、von ihm は省略可能。

4. **Es wird uns (von ihr) geholfen.** または **Uns wird (von ihr)**
   エス ヴィァト ウンス フォン イーァ ゲホルフェン　　　　ウンス ヴィァト フォン イーァ
   geholfen.
   ゲホルフェン

   3に同じ。

復習ドリル

練習1 各文について、現在形の文は過去形に、過去形の文は現在完了形に、現在完了形の文は現在形に直しましょう。

☐1 **Ich habe gejobbt.**
イヒ　ハーベ　ゲジョブト

☐2 **Ich wartete auf Sie.**
イヒ　ヴァアテテ　アォフ　ズィー

☐3 **Sie hat auf mich nicht geantwortet.**
ズィー　ハット　アォフ　ミヒ　ニヒト　ゲアントゥヴォァテト

☐4 **Sie tanzt gern.**
ズィー　タンツト　ゲァン

☐5 **Annika ist nach Berlin gefahren.**
アニカ　イスト　ナーハ　ベァリーン　ゲファーレン

☐6 **Hans hilft Annika.**
ハンス　ヒルフト　アニカ

練習2 能動文を受動文に、受動文は能動文 (man を主語に) に書き改めましょう。

☐1 **In Österreich spricht man Deutsch.**
イン　エースタァライヒ　シュプリヒト　マン　ドィッチュ

_____

☐2 **Hans wird geholfen.**
ハンス　ヴィァト　ゲホルフェン

_____

☐3 **Man dankt Annika.**
マン　ダンクト　アニカ

_____

☐4 **Im Kino wird Cola sehr oft getrunken.**
イム　キーノ　ヴィァト　コーラ　ゼーァ　オフト　ゲトゥルンケン

_____

練習3 次に挙げる不定詞句から、[ ] に示す主語を用いて、現在形の平叙文を作りましょう。

1 **sehr gut kochen können [Hans]**
ゼーァ グート コッヘン ケネン ハンス
_____

2 **Hans Japanisch lernen lassen [wir]**
ハンス ヤパーニシュ レァネン ラッセン ヴィーァ
_____

3 **hier nicht parken dürfen [man]**
ヒーァ ニヒト パァケン デュァフエン マン
_____

4 **heute nicht kommen müssen [du]**
ホイテ ニヒト コメン ミュッセン ドゥー
_____

5 **in die Türkei reisen wollen [ich]**
イン ディー デュァカイ ライゼン ヴォレン イヒ
（トルコ）
_____

練習4 日本語に合うドイツ語文を完成させましょう。[ ] には分離動詞が示されています。| は分離する境界を示します。

1 私たちは間もなく出発します。

Wir _____ gleich _____ . [ab|fahren]
ヴィーァ グライヒ アプファーレン

2 私は、ベルリンには明日到着します。

Ich _____ in Berlin morgen _____ .
イヒ イン ベァリーン モァゲン
[an|kommen]
アンコメン

3 あなたは、いつ起きますか？

Wann _____ Sie _____? [auf|stehen]
ヴァン ズィー アオフシュテーエン

Kaffeepause

日本とドイツ

　鎖国が厳しかった江戸時代に来日した博物学者ケンペルの見聞記『日本誌』(1727) は、欧州での日本のイメージに影響を与えています。19世紀前半にはフォン・シーボルトが日本の西洋医学の進歩に貢献した一方で、日本の風土や動植物を広範囲に研究しました。1861年には日普修好通商条約が締結され、日本とドイツの160年 (2021年現在) におよぶ国交が始まりました。日本国歌「君が代」の伴奏曲は、ドイツ人エッケルトが編曲したものです。陸軍軍医だった森鴎外、血清療法を確立し第1回ノーベル賞候補となった北里柴三郎、ピアノ科の日本初ドイツ留学生となった滝廉太郎などもドイツゆかりの人たちとして有名です。

　遠く日本や中国からもたらされる白磁器はドイツの貴族を魅了し、自国でも美しい磁器が作れないものかと、ザクセン公国の選帝侯に命じられたベドガーが、18世紀初頭に欧州で初めて白磁の製法を確立したとされています。時を経て、マイセンの陶磁器は日本でも多くの人に愛好されています。

　ドイツも日本も、職人気質などで共通する面も多いと言われますが、ドイツは「休暇を楽しむために働く」、日本は「仕事の生産性を維持するために休む」と言われるほど、自分の時間の取り方、権利の主張の点では大きく異なります。

名詞編

　「文型」編～「動詞」編では、枠構造のフレームで、動詞を単独で、または複合的に用いて文を組み立てることを見ました。「名詞」編では、動詞の主語や目的語となる名詞の働きやその形について見ていきます。

Einheit 6 〜 8 で見た動詞の項構造においても、主語は必ず必要でした。どの動詞にも主語は必要ですので、1 格の名詞句は大切です。

音声ダウンロード付
DL-38

❶ **Der Mann kauft den Stift.**

デア　　　　マン　　　　カォフト　　　デン　　シュティフト

男性名詞の主語には男性名詞1格のシグナル語尾

❷ **Die Frau nimmt die Straßenbahn.**

ディー　　フラォ　　　ニムト　　　ディー　　　シュトラーセンバーン

女性名詞の主語には女性名詞1格のシグナル語尾

❸ **Das Kind kauft das Buch.**

ダス　　　キント　　　カォフト　　　ダス　　　ブーフ

中性名詞の主語には中性名詞1格のシグナル語尾

❹ **Das freut mich.**

ダス　　　フロィト　　　ミヒ

指示代名詞の das。中性名詞1格のシグナル語尾

💡 学習のポイント

① 名詞の文法上の性
② 人称代名詞
③ 1格の用法とシグナル

日本語訳

❶ その男性は、そのペンを買います。

❷ その女性は、路面電車を使います。

❸ その子はその本を買います。

❹ それは私を喜ばせます。（＝うれしいです。）

Wortschatz

名詞

☐ **Mann** [man] … **M** 男性
マン

☐ **Frau** [frau] … **F** 女性
フラォ

☐ **Kind** [kɪnt] … **N** 子供
キント

☐ **Stift** [ʃtíft] … **M** 筆記具・ペン
シュティフト

☐ **Straßenbahn** [ʃtrá:sənba:n]
シュトラーセンバーン … **F** 路面電車

☐ **Buch** [bu:x] … **N** 本
ブーフ

動詞

☐ **kaufen** [káufən] … ～を買う
カォフェン

☐ **freuen** [frɔ́ɣən] … ～を喜ばせる
フロイエン

代名詞

☐ **mich** [mɪç] … 私を
ミヒ

！ 公式 **51** 名詞の文法上の性

　ドイツ語の名詞は男性名詞・女性名詞・中性名詞の３つに分かれます。生物学上の性の区別だけでなく、無生物にも性の区別があるため、「文法上の性」として理解する必要があります。名詞 See が、男性名詞ならば「湖」、女性名詞ならば「海」を意味するなど、意味の区別にもかかわります。なお、複数形では格の区別はなくなります。

　文法上の性は三人称でのみ区別され、一人称と二人称は性別による区別はありません。たとえば「私が」は、男性であっても女性であっても ich、「あなたは・を」は Sie です。

男性名詞の例：**Vater**（父親）　**Hund**（犬）　**Tisch**（テーブル）
　　　　　　　ファータァ　　　　　　フント　　　　　　ティッシュ

女性名詞の例：**Mutter**（母親）　**Kuh**（牝牛）　**Brücke**（橋）
　　　　　　　ムッタァ　　　　　　クー　　　　　　ブリュッケ

中性名詞の例：**Mädchen**（少女）　**Schaf**（羊）　**Buch**（本）
　　　　　　　メートヒェン　　　　　シャーフ　　　　ブーフ

！ 公式 **52** １格の用法とシグナル語尾

　１格はどの動詞にも欠かせません。「ＡはＢだ」構文のように、主語と同格の補語が用いられる場合には、補語にも１格が使われますが、基本的には１格は主語を表すための特別な格といえます。

　名詞が持つ文法上の情報（性別、数、格）を明示する語尾を**シグナル語尾**といいます。定冠詞、不定冠詞、所有冠詞、否定冠詞、人称代名詞（三人称）、形容詞などの語尾変化を担い、１つの名詞が同じ格で現れている環境では、常に同じシグナルになります。

　三人称の単数形３つの性別と複数形について、１格のシグナル語尾は次の通りです。

〈三人称単数形の1格のシグナル語尾〉

	単数			複数
	男性名詞	中性名詞	女性名詞	
1格	**-er**	**-es**	**-e**	**-e**

　例❶の der Mann、❷の die Frau、❸の das Kind はいずれも1格です。シグナルが冠詞に現れていることに注目してください。シグナル -er に対して定冠詞 der(例❶)、シグナル -es に対して定冠詞 das(例❸; -as と音が変わります)、シグナル -e に対して定冠詞 die (例❷) です。

　同様に、シグナル語尾は人称代名詞にも現れます。ただし、性別の区別がある三人称のみ対象となります。一人称と二人称については、シグナルと言わず形を覚えてしまいましょう。

			単数	複数
一人称	1格		**ich**	**wir**
二人称	1格		**du**	**ihr**
三人称	1格	男性	**er**	**sie**
		中性	**es**	
		女性	**sie**	

Ich komme aus Tokio.　私は東京出身です。
イヒ　　　コメ　　　アォス　　トキオ

Woher kommst du?　君の出身はどこですか。
ヴォヘーァ　　　コムスト　　ドゥー

Was ist sie von Beruf?　彼女の職業はなんですか。
ヴァス　イスト　ズィー　フォン　ベルーフ

Wie heißt er noch einmal?
ヴィー　　ハイスト　エーァ　ノッホ　アィンマール

　　　　　　　　　　彼の名前、もう一度、なんだっけ？

✏️ 練習問題

練習1 空欄に、ich, du, ihr, er, sie のいずれかを入れ、文法的に正しい文を作りましょう。また、できあがった文を日本語に訳しましょう。

1 **Was esst _____ gern?**
  ヴァス　エスト　　　　　　　　　　ゲァン

2 **Was mache _____ jetzt?**
  ヴァス　マッヘ　　　　　　　　　　イェット

3 **_____ fährt nach Berlin.**
  　　　　　　　　フェーアト　ナーハ　ベァリーン

4 **Wo wohnst _____?**
  ヴォー　ヴォーンスト

5 **Heute kommen _____ nicht.**
  ホィテ　　コメン　　　　　　　　　　　ニヒト

練習2 下線部を人称代名詞で置き換えてみましょう。

1 **Der Garten blüht.** ⇒ **_____ blüht.**
  デア　　ガァテン　　ブリュート　　　　　　　　　　　ブリュート
  その庭は花盛りである。

2 **Die Nacht kommt gleich.** ⇒ **_____**
  ディー　　ナハト　　コムト　　グラィヒ
  kommt gleich.
  コムト　　グラィヒ
  間もなく夜になって暗くなる。

3 **Die Leute singen laut.** ⇒ **_____**
  ディー　ロィテ　　ズィンゲン　ラォト
  singen laut.
  ズィンゲン　ラォト
  人々は大きな声で歌っている。

4 **Das Kind lernt Japanisch.** ⇒ **_____**
  ダス　キント　レァント　ヤパーニシュ
  lernt Japanisch.
  レァント　　ヤパーニシュ
  その子供は日本語を習っている。

解答と解説

練習1

1 **Was esst ihr gern?**
ヴァス エスト イーァ ゲァン
動詞 essen は e → i 型の動詞で、du isst/er isst/ ihr esst となる。

和訳：君たちは何を食べるのが好きですか？

2 **Was mache ich jetzt?**
ヴァス マッヘ イヒ イェツト
動詞の形が [語幹]e なのは、主語が ich のとき。

和訳：私は今から何をしようか。

3 **Er fährt nach Berlin.**
エーァ フェーァト ナーハ ベァリーン
動詞 fahren は a → ä 型。du fährst/ er fährt/ ihr fahrt

和訳：彼はベルリンに (乗り物で) 行く。

4 **Wo wohnst du?**
ヴォー ヴォーンスト ドゥー
動詞の形が [語幹]st なのは、主語が du のとき。

和訳：君はどこに住んでいるの？

5 **Heute kommen sie nicht.**
ホイテ コメン ズィー ニヒト
動詞の形が [語幹]en なのは、主語が wir, sie[複数形] のとき。

和訳：今日は彼らは来ません。

練習2

1 **Er blüht.**　der Garten のシグナル -er ⇒ 人称代名詞 er
エーァ ブリュート

2 **Sie kommt gleich.**　die Nacht のシグナル -e ⇒ 人称代名詞 sie
ズィー コムト グラィヒ

3 **Sie singen laut.**　die Leute のシグナル -e ⇒ 人称代名詞 sie
ズィー ズィンゲン ラォト
動詞の形 ([語幹]en) から複数形だとわかる。

4 **Es lernt Japanisch.**
エス レァント ヤパーニシュ　das Kind のシグナル -s ⇒ 人称代名詞 es

格は全部で4つあります。このユニットでは2格・3格・4格について、基本的な用法とシグナル語尾を学びます。

DL-40

❶ **Klara hilft dem Kind.**

クラーラ　ヒルフト　デム　キント

helfen の目的語は3格。中性名詞3格

❷ **Ich schenke ihm das Buch.**

イヒ　シェンケ　イーム　ダス　ブーフ

間接目的語（男・中性3格）　　直接目的語（中性4格）

❸ **Er hat mir das Foto gezeigt.**

エーァ　ハット　ミーァ　ダス　フォート　ゲツァイクト

ich の3格。間接目的語　　直接目的語（中性4格）

❹ **Der Mann der Frau ist Maler.**

デァ　マン　デァ　フラォ　イスト　マーラァ

男性名詞1格　　女性名詞2格

🔆 学習のポイント

① 4格の用法とシグナル語尾
② 3格の用法とシグナル語尾
③ 2格の用法とシグナル語尾

Einheit 19

日本語訳

❶ クラーラはその子を手伝います。
❷ 私は彼にその本を贈ります。
❸ 彼は私にその写真を見せました。
❹ その女性の夫は画家です。

Wortschatz

動詞

□ **schenken** [ʃέŋkən] … 贈る
　シェンケン

名詞

□ **Mann** [man] … Ⓜ 夫
　マン

□ **Maler** [má:lər] … Ⓜ 画家
　マーラァ

□ **Foto** [fó:to] … Ⓝ 写真
　フォート

137

音声
ダウンロード
付

DL-41

！ 公式 53 4格の用法・シグナル語尾・定冠詞

　4格は他動詞の直接目的語になるものです。公式16でも見たように、物理的・時間的に拘束され、その動作の影響を受けるものです。他動詞の4格目的語は、受身文にすると1格主語となるため、1格と4格は同じ形であることが望ましく、男性名詞を除いて、実際そのようになっています。シグナル語尾は下記の通りです。

	単数			複数
	男性名詞	中性名詞	女性名詞	
1格	**-er**	**-es**	**-e**	**-e**
4格	**-en**	**-es**	**-e**	**-e**

　定冠詞は、次の通りです。例❷の das Buch は、中性名詞4格です。

	単数			複数
	男性名詞	中性名詞	女性名詞	
シグナル語尾	**-en**	**-es**	**-e**	**-e**
4格	**den Mann**	**das Kind**	**die Frau**	**die Leute**

Der Mann liebt die Frau.
デア　　　マン　　　リープト　ディー　フラォ

その男性はその女性を愛しています。

Die Frau ruft den Mann an.
ディー　フラォ　ルーフト　デン　　　マン　　アン

その女性はその男性に電話をします。

Wir besuchen das Museum.
ヴィーア　ベズーヘン　ダス　ムゼーウム

私たちはその博物館を訪れます。

公式 54 3格の用法・シグナル語尾・定冠詞

3格は間接目的語です。4格目的語とは違い、物理的・時間的に拘束を受けないものです。シグナル語尾は下記の通りです。

	単数			複数
	男性名詞	中性名詞	女性名詞	
3格	**-em**	**-em**	**-er**	**-en**

定冠詞は次の通りです。例❶の dem Kind は、中性名詞3格です。

	単数			複数
	男性名詞	中性名詞	女性名詞	
シグナル語尾	**-em**	**-em**	**-er**	**-en**
3格	dem Mann	dem Kind	der Frau	den Leuten

Er dankt der Frau.
エーァ　ダンクト　デァ　フラォ

彼はその女性に感謝しています。

Wir gratulieren dem Kind.
ヴィーア　グラトゥリーレン　デム　キント

私たちはその子にお祝いを言います。

Ich danke den Leuten.
イヒ　ダンケ　デン　ロィテン

私はその人々に感謝しています。

2格は所有格です。「その男性の車」や「その子供の学校」など「AのB」と言うとき、修飾語Aのほうを被修飾語Bの後ろに置きます。

	単数			複数
	男性名詞	中性名詞	女性名詞	
2格	**-es**	**-es**	**-er**	**-er**

定冠詞は次の通りです。例❹の der Frau は女性名詞2格で、der Mann の後ろに置かれています。

	単数			複数
	男性名詞	中性名詞	女性名詞	
シグナル語尾	**-es**	**-es**	**-er**	**-er**
2格	des Mannes	des Kindes	der Frau	der Leute

なお、男性名詞と中性名詞では、シグナルが名詞（下線部）にも付きます。

die Katze des Kindes　その子の猫
ディ　カッツェ　デス　キンデス

! 公式 56 人称代名詞

	単数					複数		
	1人称	2人称	3人称			1人称	2人称	3人称
			男性	中性	女性			
2格	meiner	deiner	seiner	seiner	ihrer	unser	euer	ihrer
3格	mir	dir	ihm	ihm	ihr	uns	euch	ihnen
4格	mich	dich	ihn	es	sie	uns	euch	sie

　名詞は1格 - 3格 - 4格の順に並ぶことを前提としつつ、代名詞は名詞よりも先に置かれます。特に、4格目的語が代名詞になった場合には、動詞の直後、すなわち3格目的語よりも必ず前に来ます。

名詞 - 名詞（3格 - 4格）

Ich gebe dem Kind ein Buch.
イヒ　ゲーベ　デム　キント　アィン　ブーフ

私はその子に本を1冊あげます。

代名詞 - 名詞（3格 - 4格）

Ich gebe ihm ein Buch.
イヒ　ゲーベ　イーム　アィン　ブーフ

私は彼に本を1冊あげます。

代名詞 - 名詞（4格 - 3格）

Ich gebe es dem Kind.
イヒ　ゲーベ　エス　デム　キント

私はその子にそれをあげます。

代名詞 - 代名詞（4格 - 3格）

Ich gebe es ihm.　私は彼にそれをあげます。
イヒ　ゲーベ　エス　イーム

練習問題

練習1 日本語に合う文になるよう、空欄に適切な語を入れましょう。

1 その子供の父親の仕事は何ですか。
   Was ist der Vater _____ Kindes von Beruf?

2 私が、君たちに街の中心部を案内するよ。
   Ich zeige _____ das Stadtzentrum.

3 その女性が乗っている列車は、立ち往生している。
   Der Zug _____ Frau bleibt stehen.

4 私は、その人たちに挨拶をする。
   Ich begrüße _____ Leute.

5 私たちはその男性に感謝した。
   Wir haben _____ Mann gedankt.

練習2 下線部を人称代名詞一語で置き換えてみましょう。

1 **Ich mache den Garten fertig.** ⇒

   私は、その庭を完成させる。

2 **Wir haben den Leuten geholfen.** ⇒

   私たちはその人たちを手助けした。

3 **Ich habe dem Kind das Buch gegeben.** ⇒

   私はその子供にその本をあげた。

4 **Das Kind fragt dich und mich nach dem Weg.** ⇒

   その子供は君と私に道を尋ねる。

解答と解説

練習1

1. **des** 中性名詞2格の定冠詞
   デス

2. **euch** 二人称複数3格の人称代名詞 (敬称で言いたければ Ihnen
   オィヒ でも可)

3. **der** 女性名詞2格の定冠詞
   デァ

4. **die** 複数形4格の定冠詞
   ディー

5. **dem** 男性名詞3格の定冠詞
   デム

練習2

1. **ihn** den Garten のシグナル -en に対応する代名詞 ihn。
   イーン

2. **ihnen** den Leuten のシグナル -en に対応。複数形3格は名詞
   イーネン にも -n を重ねるため (公式 60)、ihnen となる。

3. **es ihm** dem Kind のシグナル -em に対応する ihm、das Buch
   エス イーム のシグナル -s に対応する es となるが、4格代名詞が先に
   来るため、es ihm の順となる。

4. **uns** 「君と私」で「私たち」。4格の形にする。
   ウンス

Einheit 20 複数形とシグナル語尾

▶ここに、その子供たちの学校があります

名詞には単数形と複数形があります。これまでのユニットでは単数形について、特に人称代名詞の三人称に文法上の性別があることを重点的に学びました。このユニットでは複数形のルールを見ていきます。

❶ Hunde bellen.

フンデ　　　　　　　ベレン

男性名詞 Hund の複数形1格

❷ Hier ist die Schule der Kinder.

ヒィーァ　イスト　ディー　　　シューレ　　デァ　　　キンダァ

中性名詞 Kind の複数形2格

❸ Er hilft Kindern.

エーァ　ヒルフト　　キンダァン

中性名詞 Kind の複数形3格（語尾に -n）

❹ Wir haben zwei Katzen.

ヴィーァ　　　　ハーベン　　　　ツヴァイ　　　カッツェン

女性名詞 Katze の複数形4格

144

学習のポイント

① 複数形の用法
② 複数形のシグナル語尾
③ 複数形の定冠詞

日本語訳

❶ 犬たちが吠えています。

❷ ここに、その子供たちの学校があります。

❸ 彼は子供たちを手伝います。

❹ 私たちは猫を 2 匹飼っています。

Wortschatz

動詞

☐ **bellen** [bélən] … 吠える
ベレン

名詞

☐ **Hund, -e** [hʊnt/-də] … **M** 犬
フント　フンデ

☐ **Schule, -n** [ʃúːlə/-n] … **F** 学校
シューレ　シューレン

☐ **Kind, -er** [kɪnt/-dɒ] … **N** 子供
キント　キンダー

☐ **Katze, -n** [kátsə/-n] … **F** 猫
カッツェ　カッツェン

145

✦ 公式 **57** 複数形の用法

　複数形は、「日本人は勤勉だ」のように、ある対象を集合としてとらえ、一般的なことを言うときにも使います。また、複数の対象を特定して表すときには定冠詞が必要ですが、特定しないときには、冠詞をつけずに使います。例❶では、目の前に犬がいれば定冠詞が必要ですが、犬の遠吠えだけが聞こえてきて、犬が目の前にいない状況なので、不特定の無冠詞 Hunde となっています。

Japaner sind fleißig.　日本人は勤勉だ。
ヤパーナァ　　ズィント　フラィスィヒ

Die Japaner sind fleißig.
ディー　　ヤパーナァ　　ズィント　フラィスィヒ

その日本人たちは勤勉だ。

✦ 公式 **58** 複数形のパターン

①女性名詞の複数形は、主として単数形に -(e)n が付く「N型」です（このパターンでは幹母音のウムラォトは生じません）。

　例：**Blume → Blumen** 花

②男性名詞に多いのは「E 型」（-e が付き、幹母音がウムラォトすることが多い）です。

　例：**Tag → Tage** 日／ **Zug → Züge** 列車

③中性名詞に典型なのは「ER 型」（-er が付き、必ず幹母音がウムラォトする）です。

　例：**Buch → Bücher** 本

④外来語や短縮語は「S 型」です。

　例：**Sofa, Sofas** ソファー／ **DVD, DVDs**

⑤複数形語尾の付く直前の音節にアクセントのない e が含まれている場合には、語尾に e が付きません。

　例：**Löffel → Löffel** スプーン／ **Gabel → Gabeln** フォーク

⚠ 公式 59 複数形のシグナル語尾

複数形のシグナル語尾は、下の表のとおりです。

	単数			複数
	男性名詞	中性名詞	女性名詞	
1格	**-er**	**-es**	**-e**	**-e**
2格	**-es**	**-es**	**-er**	**-er**
3格	**-em**	**-em**	**-er**	**-en**
4格	**-en**	**-es**	**-e**	**-e**

⚠ 公式 60 複数形の定冠詞

定冠詞は次の通りです。

	単数			複数
	男性名詞	中性名詞	女性名詞	
1格	**der Mann**	**das Kind**	**die Frau**	**die Leute**
2格	des Mannes	des Kindes	der Frau	der Leute
3格	**dem Mann**	**dem Kind**	der Frau	den Leuten
4格	**den Mann**	**das Kind**	**die Frau**	**die Leute**

　例❷では die Schule は女性名詞単数1格、der Kinder は複数形2格です。die Schule der Kinder で「その子供たちの学校」となります。

例❸の Kindern は、無冠詞ですので不特定の子供たちを指します。動詞 helfen の目的語ですので3格です。複数形3格は、名詞そのものにも -n という語尾がつきます（単数形1格 Kind → 複数形1格 Kinder → 複数形3格 Kindern）。

Die Kinder spielen.
ディー　　キンダァ　　シュピーレン

その子供たちは遊んでいます。（1格）

Die Großeltern der Kinder wohnen in Paris.
ディー　グロース・エルターン　デァ　キンダァ　　ヴォーネン　　イン　パリース

その子供たちの祖父母はパリに住んでいます。（2格）

Wir gratulieren den Kindern.
ヴィーァ　　グラトゥリーレン　　デン　　キンダァン

私たちはその子供たちにお祝いを言います。（3格）。

Wir mögen die Kinder.
ヴィーァ　メーゲン　ディー　キンダァ

私たちはその子供たちが好きです。（4格）。

オーストリアとスイスとリヒテンシュタイン

　ドイツのマイセン白磁器は 18 世紀初頭（1710 年頃）に誕生したとされていますが、オーストリアのグムンデン（Gmunden）陶器の創業は 1492 年（コロンブスが「新大陸」を発見したとされる年と同年）です。オーストリアの家庭には必ずあると言われているくらいメジャーな、中央ヨーロッパ最大の陶器工房です。グムンデンの市立博物館には、陶器製トイレのコレクションが数多く展示されています。グムンデンの陶器のものもありますが、スイスを拠点とする Laufen（ラォフェン）という会社の製品の展示が主体です。スイス・バーゼル近郊にあるラォフェンという町にある、同名の会社です。ラォフェンとグムンデンは陶器つながりです。

　スイスは神聖ローマ帝国に属していましたが、三十年戦争のウェストファリア講和条約により、正式に独立しました。三十年戦争で敗者となったハプスブルク家は神聖ローマ帝国で重要な名家です。ハプスブルク家に仕えたリヒテンシュタイン家は、オーストリアとスイスの間の地にあるリヒテンシュタイン侯国というミニ国家の元首です。このリヒテンシュタイン侯国を走る鉄道・バスはオーストリアによる運行（ほかにも民法典はオーストリア民法が基）であり、郵便や電話の制度は関税同盟のあるスイスと共通（刑法典はスイス刑法が基）となっています。

🖉 練習問題

練習1　複数形にして1格から4格まで変化させましょう。

① **der Tag** ⇒

② **das Kind** ⇒

③ **die Blume** ⇒

練習2　下線部を複数形に直し、できた文を日本語に訳しましょう。

① **Das Kind spielt Fußball.**

複 数 形 _____

日本語訳 _____

② **Der Vater des Kindes ist Politiker.**

複 数 形 _____

日本語訳 _____

③ **Wir helfen dem Kind.**

複 数 形 _____

日本語訳 _____

④ **Ich habe das Kind nach dem Weg gefragt.**

複 数 形 _____

日本語訳 _____

解答と解説

練習1

> **注意** 性別による複数形の型は、古いドイツ語の名残で、一定の傾向があるが、最終的にはその名詞個別の複数形をきちんと確認しながら覚えていく必要がある。

1. **der Tag** ⇒ 1格 die Tage 2格 der Tage 3格 den Tagen
   デァ ターク   4格 die Tage

   男性名詞で多いのは、-e 型の複数形

2. **das Kind** ⇒ 1格 die Kinder 2格 der Kinder 3格 den
   ダス キント   Kindern 4格 die Kinder

   中性名詞で多いのは、-er 型の複数形

3. **die Blume** ⇒ 1格 die Blumen 2格 der Blumen
   ディー ブルーメ   3格 den Blumen 4格 die Blumen

   女性名詞で多いのは、-en 型の複数形

練習2

1. **Die Kinder spielen Fußball.**
   ディー キンダァ シュピーレン フースバル
   その子供たちはサッカーをしている。

   主語が複数形になると、動詞の人称変化にも影響するので注意。

2. **Der Vater der Kinder ist Politiker.**
   デァ ファータァ デァ キンダァ イスト ポリーティカァ
   その子供たちの父親は政治家だ。

3. **Wir helfen den Kindern.**
   ヴィーァ ヘルフェン デン キンダァン
   私たちはその子供たちを手助けする。

   複数形3格では、名詞にも -n の語尾がつく。

4. **Ich habe die Kinder nach dem Weg gefragt.**
   イヒ ハーベ ディー キンダァ ナーハ デム ヴェーク ゲフラークト
   私は、その子供たちに道を尋ねた。

その名詞が具体的に何を指しているのかが明らかな場合は定冠詞を使いますが、特定できない場合は不定冠詞を使います。ここでは特に、不定冠詞の用法を見ていきます。

音声
ダウンロード付

DL-44

❶ **Da redet ein Politiker.**
ダー　　レーデット　　アイン　　　ポリーティカ

男性名詞単数1格

❷ **Er sieht gern Filme.**
エーァ　ズィート　　ゲァン　　フィルメ

不定冠詞に複数形はないため無冠詞

❸ **Ich habe einem Mann den**
イヒ　　ハーベ　　アイネム　　　マン　　　デン

Weg gezeigt.　男性名詞単数3格
ヴェーク　　ゲツァイクト

❹ **Ich habe heute ein Mädchen**
イヒ　　ハーベ　　ホィテ　　アイン　　メートヒェン

kennen gelernt.　中性名詞単数4格
ケネン　　ゲレァント

学習のポイント

① 不定冠詞の用法
② 不定冠詞の格変化
③ 不定冠詞の複数形はない

日本語訳

❶ そこで一人の政治家がスピーチをしています。

❷ 彼は映画を見るのが好きです。

❸ 私は男の人に道を教えてあげました。

❹ 私は今日、ある女の子と知り合いになりました。

Wortschatz

名詞

□ **Politiker, -** [polí:tikər]
ポリーティカ
… **M** 政治家

□ **Film, -e** [fɪlm/-e] … **M** 映画
フィルム　フィルメ

□ **Weg, -e:** [vek/-ge] … **M** 道
ヴェーク　ヴェーゲ

□ **Mädchen, -** [mέ:tçən]
メートヒェン
… **N** 女の子

動詞

□ **reden** [ré:dən] … スピーチする

□ **kennen lernen** [kέnənlɛrnən]
ケネン　　レァネン … 知り合いになる

□ **zeigen** [tsáɪgən] … 示す
ツァイゲン

! 公式 61 不定冠詞の用法

　不定冠詞は「1つ・1人」という単数を表す働きと、「ある〜」と不特定であることを表す働きの2つを合わせ持つ冠詞です。また、前者の点から「数えられる名詞」に付きます。

　例❶では、「複数でなく"1人"であること」「聞き手がその場にいないこと」「話し手と聞き手の間で過去に話題に上った人ではないこと」から不定冠詞が選択されています。もし、既に言及のあったものなら、「以前に話をした例の〜」という意味になり、**定冠詞**が使われるはずです。

Ich kaufe heute <u>ein Buch.</u>
イヒ　カォフェ　　ホィテ　　<u>アイン　ブーフ</u>
　　　　　　私は今日（ある1冊の）本を買います。

Ich kaufe heute <u>die Bücher.</u>
イヒ　カォフェ　　ホィテ　　<u>ディ　ビューヒャー</u>
　　　　　　私は今日（何冊かその）本を買います。

Ich kaufe heute <u>Bücher.</u>
イヒ　カォフェ　　ホィテ　　<u>ビューヒャー</u>
　　　　　　私は今日（何冊かの）本を買います。

✕　Ich kaufe heute <u>ein Bücher.</u>

! 公式 62 不定冠詞の格変化

　Einheit 26 で習う形容詞も含め、不定冠詞も定冠詞もすべて、名詞に添えられるものは、常に一定のシグナル語尾がつきます。シグナル語尾をまとめると、次のようになります。

〈シグナル語尾〉

	単数			複数
	男性名詞	中性名詞	女性名詞	
1格	**-er**	**-es**	**-e**	**-e**
2格	**-es**	**-es**	**-er**	**-er**
3格	**-em**	**-em**	**-er**	**-en**
4格	**-en**	**-es**	**-e**	**-e**

　ただし不定冠詞では、単数形の男性名詞と中性名詞の1格の語尾は失われ、無語尾 (ein という形のみ) になります。また、中性名詞は1格と4格が同形であるため、中性名詞4格については、自ずと ein という無冠詞の形になります。

〈不定冠詞の形〉

	単数			複数
	男性名詞	中性名詞	女性名詞	
1格	**ein**	**ein**	**eine**	**—**
2格	**eines**	**eines**	**einer**	**—**
3格	**einem**	**einem**	**einer**	**—**
4格	**einen**	**ein**	**eine**	**—**

　例❶の ein Politiker は男性名詞1格、例❹の ein Mädchen は中性名詞4格の形です。

	男性単数形	中性単数形	女性単数形
1格	ein△ **Vater**	ein△ **Kind**	eine **Mutter**
2格	eines **Vaters**	eines **Kind[e]s**	einer **Mutter**
3格	einem **Vater**	einem **Kind**	einer **Mutter**
4格	einen **Vater**	ein△ **Kind**	eine **Mutter**

練習問題

練習1 日本語に合う文になるよう、空欄に適切な語を入れましょう。

1 その男性には、息子が1人と娘が1人いる。

Der Mann hat _____ Sohn und _____ Tochter.

2 日本は、アジアにある一国 (Land＝**N**) だ。

Japan ist _____ Land in Asien.

3 一人の男性が私を助けてくれた。私はその人に感謝した。

_____ Mann hat mir geholfen. Ich habe _____ gedankt.

4 それは、ある子供の発明品だ。

Das ist die Erfindung _____ Kindes.

練習2 下線部を、単数形は複数形に、複数形は単数形に直して、文全体を書き直しましょう。

1 **Ein Kind spielt Gitarre.** 1人の子供がギターを演奏している。

→

2 **Der Mann hat zwei Söhne.** その男性には息子が2人いる。

→

3 **Wir haben heute Kindern geholfen.**

私たちは、今日、子供たちを手助けした。

→

4 **Kinder haben Träume.** 子供たちには夢がある。

→

解答と解説

練習1

1 **einen , eine**

「息子」は男性名詞、「娘」は女性名詞。ここではともに4格目的語。

2 **ein**

「国」は中性名詞。ここでは、「A は B だ」構文なので、1格。

3 **Ein, ihm**

「男性」は男性名詞。主語1格で ein Mann。第 2 文は、動詞 danken の3格目的語であり、かつ、人称代名詞にするので、男性名詞3格 ihm。

4 **Das ist die Erfindung eines Kindes.**

「子供」は中性名詞。ここでは2格。

練習2

1 **Kinder spielen Gitarre.**

キンダァ　シュピーレン　ギタレ

単数 Kind → 複数 Kinder。主語が複数になるので、動詞の人称変化に注意。

2 **Der Mann hat einen Sohn.**

デァ　マン　ハット　アイネン　ゾーン

複数 Söhne → 単数 Sohn。4格目的語。

3 **Wir haben heute einem Kind geholfen.**

ヴィーァ　ハーベン　ホィテ　アイネム　キント　ゲホルフェン

動詞 helfen は3格目的語をとる。Kind は中性名詞。

4 **Ein Kind hat Träume.**

アィン　キント　ハット　トゥロィメ

主語が単数になるので、動詞 haben → hat。「子供というのは夢があるものだ」のような総称表現になる。

Einheit 22 否定冠詞・所有冠詞

▶私は母に電話をします

不定冠詞が「1つ・1人である」「不特定のものとして存在する」ことを表すのに対し、「存在しない」ことを表す冠詞（否定冠詞）もあります。このユニットでは、不定冠詞に準じる他の冠詞を見ていきます。

音声ダウンロード付 DL-46

❶ Ich bin kein Student.

イヒ　　ビン　　カィン　　シュトゥデント

男性名詞単数1格

❷ Er liest keine Zeitungen.

エーァ　リースト　　カィネ　　ツァイトゥンゲン

女性名詞複数4格

❸ Ich rufe meine Mutter an.

イヒ　　ルーフェ　　マィネ　　　ムッター　　アン

女性名詞単数4格

❹ Eines Tages wird alles wieder gut.

アイネス　　ターゲス　　ヴィァト　　アレス　　ヴィーダァ　　グート

男性名詞単数2格 (副詞的2格)

学習のポイント

① 否定冠詞の用法と否定文
② 否定冠詞の格変化
③ 所有冠詞の用法
④ 所有冠詞の格変化

日本語訳

❶ 私は大学生ではありません。

❷ 彼は新聞を読みません。

❸ 私は（私の）母に電話をします。

❹ いつか、また、すべてよくなるでしょう。

Wortschatz

動詞

☐ **an|rufen** [án] [ru:fən]
アン ルーフェン … ～に電話する

名詞

☐ **Student, - e n** [ʃtudént/-en]
シュトゥデント シュトゥデンテン … **M** 大学生

☐ **Zeitung, - e n** [tsáɪtʊŋ/-en]
ツァイトゥング ツァイトゥンゲン … **F** 新聞

☐ **Mutter, Mütter** [mútər/mʏtər]
ムッタァ ミュッタァ … **F** 母

☐ **Tag, -e** [ta:k/ -gə]
ターク ターゲ … **M** 日・昼間

代名詞

☐ **alles** [áləs] … すべてが / を
アレス

副詞

☐ **wieder** [ví:dər] … 再び
ヴィーダァ

Einheit

22

DL-47

公式 63 否定冠詞の用法

　否定冠詞は「1つもない」ことを表す冠詞です。不定冠詞に k- を付けるだけで、格変化は不定冠詞と同じです。ただし、名詞の複数形にも付くという点で不定冠詞と異なります。

	単数			複数
	男性名詞	中性名詞	女性名詞	
1格	kein△	kein△	keine	keine
2格	keines	keines	keiner	keiner
3格	keinem	keinem	keiner	keinen
4格	keinen	kein△	keine	keine

　例❶の kein Student は男性名詞1格、例❷の keine Zeitungen は複数名詞4格の形です。

Ich habe keine Zeit.　私は時間がありません。
イヒ　ハーベ　カィネ　ツァイト

Wir haben keine Kinder.　私たちは子供がいません。
ヴィーア　ハーベン　カィネ　キンダー

公式 64 否定文の種類

　否定冠詞が用いられた文は否定文となりますが、否定文には nicht を用いたものもありました（→ Einheit 9 参照）。nicht は名詞以外の、動詞や副詞を否定するときに使います。

Ich komme nicht.　私は行かない。
イヒ　コメ　ニヒト

Ich esse nicht schnell. 私は食べるのは速くない。
イヒ　エッセ　ニヒト　　シュネル

　否定冠詞を用いるのは、名詞を否定する場合です。例❶では、名詞Studentを否定しています。

Ich bin Student. ⇒ Ich bin kein Student.
イヒ　ビン　シュトゥデント　　　イヒ　ビン　カィン　シュトゥデント

私は大学生ではない。

Er isst kein Brot. 彼はパンを食べません。
エーァ　イスト　カィン　ブロート

　なお、すでに定冠詞や所有冠詞 (→公式 65) がついている名詞句の場合、それ以上冠詞がつけられないため、否定冠詞ではなく nicht をつけます。

Das ist nicht mein Auto.
ダス　イスト　ニヒト　　マィン　　アォト

これは私の車ではありません。

🔔 公式 65 所有冠詞の格変化

　所有冠詞は、「私の〜」や「あなたの〜」のように、所有関係を表す冠詞です。次のような種類があります。

〈所有冠詞の種類〉

	単数	複数
一人称	**mein-**	**unser-**
二人称	**dein-**	**euer-**
二人称	**Ihr-**	
三人称	男性　**sein-** 中性　**sein-** 女性　**ihr-**	**ihr-**

Einheit 22

161

格変化は否定冠詞と同じで、不定冠詞がベースとなります。

【mein-】：「私の〜」

	単数			複数
	男性名詞	中性名詞	女性名詞	
1格	mein△	mein△	meine	meine
2格	meines	meines	meiner	meiner
3格	meinem	meinem	meiner	meinen
4格	meinen	mein△	meine	meine

① **Meine Schwester arbeitet in Berlin.**
マィネ　　　シュヴェスタァ　　　アァバイテト　イン　ベァリーン

　　　　　私の姉はベルリンで働いている。

② **Mein Bruder wird Vater.**
マィン　　　ブルーダァ　ヴィァト ファータァ

　　　　　うちの兄が今度パパになるんだよ。

　所有冠詞が表す対象は、聞き手にとって不特定のこと（未知）も特定のこと（既知）もあります。たとえば、自分（話し手）に姉妹がいることを相手（聞き手）が知らなくても、①と言えます。この場合、聞き手は「あ、この人には兄弟がいるんだな」とわかります。また、相手が知っていても、②などと言えます。

《所有代名詞の整理》

【dein-】：「君の」

	単数			複数
	男性名詞	中性名詞	女性名詞	
1格	dein△	dein△	deine	deine
2格	deines	deines	deiner	deiner
3格	deinem	deinem	deiner	deinen
4格	deinen	dein△	deine	deine

【sein-】：「彼の・それの」

	単数			複数
	男性名詞	中性名詞	女性名詞	
1格	sein△	sein△	seine	seine
2格	seines	seines	seiner	seiner
3格	seinem	seinem	seiner	seinen
4格	seinen	sein△	seine	seine

【unser-】：「私たちの」

	単数			複数
	男性名詞	中性名詞	女性名詞	
1格	unser△	unser△	uns[e]re	uns[e]re
2格	uns[e]res	uns[e]res	uns[e]rer	uns[e]rer
3格	uns[e]rem	uns[e]rem	uns[e]rer	uns[e]ren
4格	uns[e]ren	unser△	uns[e]re	uns[e]re

【euer-】：「君たちの」

	単数			複数
	男性名詞	中性名詞	女性名詞	
1格	euer△	euer△	eu[e]re	eu[e]re
2格	eu[e]res	eu[e]res	eu[e]rer	eu[e]rer
3格	eu[e]rem	eu[e]rem	eu[e]rer	eu[e]ren
4格	eu[e]ren	euer△	eu[e]re	eu[e]re

【ihr-】：「彼女の・彼らの」

	単数			複数
	男性名詞	中性名詞	女性名詞	
1格	ihr△	ihr△	ihre	ihre
2格	ihres	ihres	ihrer	ihrer
3格	ihrem	ihrem	ihrer	ihren
4格	ihren	ihr△	ihre	ihre

※「Ihr/ あなた（敬称）の」の変化は「ihr/ 彼女の・彼らの」と同じです。ただし、頭の「I」は必ず大文字です。

Einheit 22

✎ 練習問題

練習1　日本語に合うドイツ語文が完成するよう、空欄に適切な冠詞を入れましょう。

1　私の父親は東京で働いている。

　　_____ **Vater arbeitet in Tokio.**

2　私たちには子供はいない。

　　Wir haben _____ Kinder.

3　これを君の息子さんにあげるよ。

　　Ich gebe das _____ Sohn.

4　あなたのご住所（**F** Adresse）は？

　　Wie ist _____ Adresse?

練習2　各文を否定文にしてください。

1　**Ich habe einen Sohn.**　私には息子が1人います。

→

2　**Ich bin Student.**　私は大学生です。

→

3　**Das ist mein Auto.**　これは私の車です。

→

4　**Am Sonntag arbeitet man.**　日曜日に人は働きます。

→

練習1

1 **Mein**
マイン
Vater は男性名詞。ここでは1格。

2 **keine**
カィネ
Kinder は複数形。ここでは4格（動詞 haben の直接目的語）

3 **deinem**
ダィネム
Sohn は男性名詞。ここでは3格（動詞 geben の間接目的語）

4 **Ihre**
イーレ
Adresse は女性名詞。ここでは1格（「A は B だ」構文）。敬称二

人称の所有冠詞なので Ihr-（大文字に注意）。

練習2

1 **Ich habe keinen Sohn.**
イヒ ハーベ カィネン ゾーン
einen Sohn の打ち消しは keinen Sohn。

2 **Ich bin kein Student.**
イヒ ビン カィン シュトゥデント
Student は男性名詞。ここでは1格（「A は B だ」構文）。

3 **Das ist nicht mein Auto.**
ダス イスト ニヒト マィン アォト
mein Auto は、名詞にすでに所有冠詞（mein）がついているため、
これ以上否定冠詞はつけられず、nicht を用いる。

4 **Am Sonntag arbeitet man nicht.**
アム ゾンターク アァバィテト マン ニヒト
名詞ではなく動詞（arbeiten）を打ち消すのは、nicht。

復習ドリル

練習1 例にならって、下線部の名詞句を、①定冠詞つきの名詞句、また②人称代名詞で表しましょう。

(例) **Hier ist ein Hund. Der Hund ist jung.**
Ich mag ihn sehr.

1 **Hier ist eine Katze. _____ ist jung.**
Ich mag _____ sehr.

2 **Hier ist ein Buch. _____ ist neu.**
Ich kaufe _____ .

3 **Ich sehe ein Haus. Ein Politiker hat _____ .**
_____ ist sehr groß.

4 **Ich sehe heute einen Mann. _____**
kommt aus Italien. Ich mag _____
sehr.

練習2 下線部を否定し、否定文に直しましょう。

1 **In meiner Klasse ist ein Mann.**

_____

2 **Heute kommt Hans.**

_____

3 **Ich gebe einer Frau Blumen.**

_____

4 **Auf der Straße sehe ich ein Kind.**

_____

練習3　下線部を人称代名詞に直して、文を書き改めましょう。

1 **Wir schenken <u>dem Kind</u> ein Buch.**

_____

2 **Ich gebe einem Kind <u>ein Buch</u>.**

_____

3 **Geben Sie mir <u>eine Chance</u>?**

_____

4 **Wir haben <u>dem Kind</u> <u>ein Buch</u> geschenkt.**

_____

5 **Habt ihr <u>der Frau</u> geholfen?**

_____

練習4　次の日本語に合うドイツ語文が完成するよう、{　　} の中の語句を並べ替えましょう。なお、文頭に来る語も小文字で示してあります。

1 その女性の夫は、私の先生だ。

{ der / der / Frau / Lehrer / Mann / mein / ist }.

_____

2 私は、その男性の子供に感謝した。

{ dem / des / gedankt / habe / ich / Kind / Mannes }.

前置詞編

　「名詞編」では、名詞に4つの格のいずれかを与えることで役割を持たせ、文を組み立てました。ところが、ドイツ語には格が4つしかないため、「〜のために」や「〜を用いて」など、道具・手段や目的、原因・理由など、副詞的な役割を名詞にダイレクトに持たせることはできません。

　そこで、前置詞を用いて、名詞に副詞的な働きを持たせることになります。名詞は前置詞からも特定の格を与えられます。

Einheit 23

空間の前置詞
▶ 人々が浜辺でバーベキューをしています

前置詞句は副詞的な働きを持ちます。その意味・役割は、「場所」「時間」「理由・原因」「手段」「目的」など、多岐にわたります。このユニットでは「場所」、とりわけ「空間」認識にかかわる9つの前置詞を中心に学びます。

DL-48

❶ **Auf dem Sofa schläft eine Katze.**

アォフ　　デム　　ゾーファ　　シュレーフト　　アィネ　　カッツェ

「〜の上」を表す前置詞。ここでは3格スイッチ

❷ **Die Leute grillen am Strand.**

ディー　　ロィテ　　グリレン　　アム　　シュトゥラント

「〜に接して」を表す前置詞＋3格。an dem = am

❸ **Ich gehe sehr gern ins Kino.**

イヒ　　ゲーエ　　ゼーァ　　ゲァン　　インス　　キーノ

「〜の中」を表す前置詞＋4格。in das = ins

❹ **Gehen Sie hier über die Brücke!**

ゲーエン　　ズィー　　ヒーァ　　ユゥーバー　　ディー　　ブリュッケ

「〜を越えて」を表す前置詞＋4格

170

💡 **学習のポイント**

① 空間の前置詞〈場〉

② 空間の前置詞〈移動先〉

日本語訳

❶ ソファの上で、1匹の猫が寝ています。

❷ 人々が浜辺でバーベキューをしています。

❸ 私は映画館に行くのがとても好きです。

❹ ここの橋を渡って行ってください。

Wortschatz

動詞

□ **grillen** [grílən]
… バーベキューをする

名詞

□ **Sofa** [zóːfa] … N ソファー
ゾーファ

□ **Leute** [lɔ́ʏtə] … 複 人々
ロイテ

□ **Strand** [ʃtrant] … M 浜辺
シュトラント

□ **Kino** [kíːno] … N 映画館
キーノ

前置詞

□ **an** [an] … 接して、面して
アン

□ **über** [ýːbɐ] … 上方に
ユゥーバー

171

! 公式 66 空間の前置詞

　「場所」を表す前置詞にもいろいろありますが、中でも、「空間」を表す前置詞9つは特別です。前置詞が導いて表す「空間」は、「ある出来事・動作が生じている場所」（例❶では、猫が寝ている場所を描写）だったり、「ある動作が向く先（移動先）」（例❶の出来事が起こる前段階として、猫がソファに飛び乗る動作が推測されます）だったりします。

●出来事・動作が生じている場所

Auf dem Sofa schläft eine Katze.

アォフ　デム　ゾーファ　シュレーフト　アィネ　カッツェ

そのソファの上で猫が寝ている。

●ある動作が向く先

Eine Katze springt auf das Sofa.

アィネ　カッツェ　シュプリングト　アォフ　ダス　ゾーファ

ソファの上に猫が飛び乗る。

～の中（に）	～に接して	～に接して上（に）

in
イン

an
アン

auf
アォフ

～の上方（に）	～の下（に）	～の前（に）

über
ユーバァ

unter
ウンタァ

vor
フォーァ

～の後ろ（に）	～の横（に）	～と～の間（に）

hinter	**neben**	**zwischen**
ヒンタァ	ネーベン	ツヴィッシェン

　いずれも「上にある／上に置く」「前にある／前に出る」のように、〈場〉・〈移動先〉の2つのスイッチがあることがわかります。どちらのスイッチに入っているかは、文の動詞（移動動詞か否か）を見れば、ある程度わかります。また、前置詞だけでは〈場〉と〈移動先〉の区別はできず、名詞に与えられた格から判断されます。

⚠️ 公式 67 空間の前置詞〈場〉

　空間の前置詞が〈場〉を表す働きをする場合、その目的語となる名詞には3格が与えられます。例❶の auf dem Sofa(ソファの上で) は中性名詞3格、❷の am* Strand（浜辺で）は男性3格です（* am は an dem の縮まった形）。動詞の❶ schlafen、❷ grillen は、いずれも移動動詞ではなく、ある場を舞台に動作がなされることを表すタイプの動詞です。

Kinder spielen im Park.

キンダー　　シュピーレン　　イム　　パァク

子どもたちが公園で遊んでいます。

Der Vogel ist auf dem Dach.

デァ　フォーゲル　イスト　アォフ　デム　　ダッハ

その鳥はその屋根の上にいます。

空間の前置詞が〈移動先〉を表す働きをする場合、その目的語となる名詞には4格が与えられます。例❸の ins Kino (ins~= in das~　～の中に）では、中性名詞4格の定冠詞 das があることから、「移動」であることが示されます。実際、動詞が移動動詞（ここでは gehen）であることがポイントです。例❹でも、動詞は gehen です。「橋」を「行く」、つまり「渡っていく」ということですから、〈移動先〉を表すことがわかります。

Kinder gehen in den Park.

キンダー　　　ゲーエン　　イン　デン　　パァク

子どもたちは公園へ遊びに行きます。

Der Vogel fliegt auf das Dach.

デァ　　フォーゲル　フリークト　アォフ　　ダス　　　ダッハ

その鳥は屋根の上に飛び上がります。

時刻の表現

　ドイツ語の時刻の表現を知っておきましょう。電車の発車時刻や、人との待ち合わせなどでよく使います。公式表現は 24 時間制で、飛行機や鉄道などは伝達ミスのないよう、こちらの公式表現を使います。日常表現は、日本語の「10 時半」のように言う表現です。12 時間制で言いますので、「午前 (vormittags)」「午後 (nachmittags)」を添えます。

〈公式表現〉

2時 15 分です（深夜）。	**Es ist zwei Uhr fünfzehn.**
2時 15 分です（午後）。	**Es ist vierzehn Uhr fünfzehn.**
午前 10 時半です。	**Es ist zehn Uhr dreißig.**

※半時間＝ 30 分

〈日常表現〉

2時 15 分です（午前）。	**Es ist Viertel drei vormittags.**
2時 15 分です（深夜）。	**Es ist Viertel drei nachmittags.**

※ 15 分＝1/4 時間

午前 10 時半です。	**Es ist halb elf.**　※ 30 分＝1/2 時間
何時ですか。	**Wie spät ist es? / Wie viel Uhr ist es?**

✎ 練習問題

日本語に合うドイツ語文が完成するよう、空欄に適切な前置詞を入れましょう。

1 ハンスは、それを壁に掛けます。

Hans hängt das _____ die Wand.

2 その人たちは駅前で大声で歌っている。

Die Leute singen _____ dem Bahnhof.

3 私は島に住んでいます。

Ich wohne _____ einer Insel.

4 ザルツブルクはミュンヘンとウィーンの間に位置する。

Salzburg liegt _____ München und Wien.

練習2 日本語に合うように空欄に適切な語を入れましょう。

1 明日、スイス (**F** Schweiz) に行きます。

Ich fahre morgen _____ _____ Schweiz.

2 涙がほほ (**F** Wange) （の表面）を伝う。

Die Tränen fließen _____ _____ Wange.

3 その町は、ドナウ川 (**F** Donau) の河畔にある。

Die Stadt liegt _____ _____ Donau.

4 その箱を、机 (**M** Tisch) の下に置いてください。

Stellen Sie den Kasten _____ _____ Tisch.

解答と解説

練習1

1 **an**
アン
壁の上面に何かを掛けるので、an (接して)。

2 **vor**
フォーア
「～の前」は vor。

3 **auf**
アォフ
島は海に浮かぶ陸地なので、「～の上」(auf) で表現する。

4 **zwischen**
ツヴィッシェン
「A と B の間」は zwischen A und B。

練習2

1 **in die**
イン ディー
「～の中」は in。移動を表すため、4格スイッチ (女性名詞4格)。

2 **über die**
ユーバァ ディー
ほほを伝って移動するので über を使い、移動なので4格スイッチ。

3 **an der**
アン デァ
「～に面してある」ということなので、an。移動は表していないので
3格スイッチ (女性名詞3格)。

4 **unter den**
ウンタァ デン
「～の下」は unter。物を動かすので、4格スイッチ (男性名詞4格)

3格支配の前置詞、4格支配の前置詞
▶プラハへは、バスでかなり速く行けます

ここでは空間の前置詞9つ以外の前置詞（「時間」「理由・原因」「手段」「目的」などを表す）を学びます。目的語にとる名詞句がどの格を与えられるかは、それぞれの前置詞で決まっています。

❶ Man kommt mit dem Bus

マン　　　　　コムト　　　ミット　　デム　　　ブス

> 3格支配「〜を使って」

ziemlich schnell nach Prag.

ツィームリッヒ　　　　シュネル　　　ナーハ　　　プラーク

> 3格支配「〜の方面へ」

❷ Ich lerne seit einem Jahr

イヒ　　レァネ　　　ザイト　　　アィネム　　　ヤーァ

Deutsch.

ドィッチュ

> 3格支配「〜以来ずっと」

❸ Ich trinke Kaffee immer ohne

イヒ　　トリンケ　　　カフェー　　　　イマァ　　　オーネ

Zucker.

ツッカァ

> 4格支配「〜なしで」

❹ Ich suche etwas für meine

イヒ　　ズーヘ　　　エトヴァス　　フューァ　　マィネ

Eltern.

エルターン

> 4格支配「〜のために」

学習のポイント

① 3格支配の前置詞
② 4格支配の前置詞

日本語訳

❶ プラハへは、バスでかなり速く行けます。

❷ 私は1年前からドイツ語を学んでいます。

❸ 私は、コーヒーはいつも砂糖なしで飲みます。

❹ 私は、両親のために何かを買おうと探しています。

Wortschatz

動詞

□ **suchen** [zú:xən] … ～を探す
　　ズーヘン

代名詞

□ **etwas** [étvas] … 何か (不定)
　　エトヴァス

名詞

□ **Prag** [pra:k] … **N** プラハ (地名)
　　プラーク

□ **Bus, -se** [bus/-ə] … **M** バス
　　ブス　　ブッセ

□ **Jahr, -e** [ja:r/-ə] … **N** 年
　　ヤー　　ヤーレ

□ **Kaffee** [káfe, kafé:]
　　カフェー　　　　　　… **M** コーヒー

□ **Zucker** [tsúkər] … **M** 砂糖
　　ツッカァ

副詞

□ **ziemlich** [tsí:mlıç]
　　ツィームリッヒ
　　　　　　　… かなり (程度)

□ **schnell** [ʃnɛl] … 速く
　　シュネル

前置詞

□ **nach** [na:x] … ～の後で、に向かって
　　ナーハ

□ **seit** [zait] … ～以来ずっと
　　ザイト

□ **ohne** [ó:nə] … ～なしで
　　オーネ

□ **für** [fy:ɐ] … ～のために
　　フューァ

179

! 公式 69 3格支配の前置詞

　次の前置詞は3格支配の前置詞です。これらの前置詞が名詞句に3格を付与する、とあらかじめ決まっているという意味です。前のユニットで見た空間の前置詞とは違って、3格以外に（たとえば4格などに）スイッチすることはありません。基本的なものを以下に挙げます。

aus アオス	～から外へ
bei バイ	～のそばで・～に際して
mit ミット	～と一緒に・～を用いて
nach ナーハ	[時間の] の後で・[地名] に向かって
seit ザイト	～以来ずっと
von フォン	～から・の
zu ツー	([建物・人] へ)

　例❶では、「手段」を表す **mit** が使われています。3格支配の前置詞ですので、男性名詞 Bus が3格、dem Bus になっています。例❷は「～以来ずっと」という意味の **seit** を用いた表現です。Jahr は中性名詞で、ein Jahr で「1年」を意味します。それが3格支配を受けて [seit] einem Jahr となっています。

《「〜からの」aus と von》

　注意が必要なのは「〜から」にあたる **aus** と **von** です。aus は「〜から外へ」という意味に見て取れるように、「中から外」ということがキーになります。

　「外に出る / 出される」前は in という前置詞で表されます。たとえば、ins Kino で映画館に行き、im Kino で映画を見て、aus dem Kino で映画館を後にします。in ⇔ aus の関係です。それに対して、zum Domplatz で大聖堂前広場に行き、auf dem Domplatz でひなたぼっこをし、vom Domplatz で大聖堂前広場を後にします。この場合は、auf ⇔ von の関係です。

Ich gehe ins Kino.　映画館に行く。
イヒ　ゲーエ　インス　キーノ

Ich sehe im Kino Filme.　映画館で映画を見る。
イヒ　ゼーエ　イム　キーノ　フィルメ

Ich gehe aus dem Kino.　映画画館から出る。
イヒ　ゲーエ　アォス　デム　キーノ

Ich gehe zum Domplatz.　大聖堂前広場に行く。
イヒ　ゲーエ　ツム　ドームプラッツ

Ich bin auf dem Domplatz.　大聖堂前広場にいる。
イヒ　ビン　アォフ　デム　ドームプラッツ

Ich komme vom Domplatz.　大聖堂前広場を後にする。
イヒ　コメ　フォム　ドームプラッツ

　また、地名と共に用いて「〜（の方面）へ」という意味を表す **nach** と、具体的な建物や人（「駅へ」や「かかりつけ医のところへ」など）のところに行くことを表す **zu** の使い分けも覚えておきましょう。

Er ging nach Berlin.　彼はベルリンへ行った。
エーァ　ギング　ナーハ　ベァリーン

Er ging zum Arzt.　彼は医院へ行った。
エーァ　ギング　ツム　アァツト

4格支配の前置詞は名詞句に4格を与える、とあらかじめ決まっているものです。3格支配の前置詞と同じく、スイッチ型ではありません。

durch ドゥァヒ	〜を通って
für フューァ	〜のために
gegen ゲーゲン	〜に抗って
ohne オーネ	〜なしで
um ウム	〜の周りを

例❸では、「〜なしで」を意味する **ohne** が使われています。ohne の反対は mit で、mit Zucker なら「砂糖入り」、ohne Zucker で「砂糖抜き」です。例❹は「〜のために」を意味する **für** を使った例文です。für の後ろは4格になりますので、meine Eltern は所有冠詞（公式65）つきの複数形名詞4格です。

Ich fahre durch die Stadt nach Tokio.
イヒ　ファーレ　　ドゥァヒ　ディー　シュタット　　ナーハ　　トキオ

私はその町を通って東京に向かいます。

Ärzte kämpfen gegen Krankheiten.
エーァツテ　　ケンプフェン　　　ゲーゲン　　　クランクハィテン

医者は病気と闘う。

Kaffeepause

ドイツ語の方角・方向の名称

　道案内や天気予報など、「東西南北」の方角や「左右」などは日々の生活のさまざまな場面で使われます。基本的なものは覚えておきましょう。

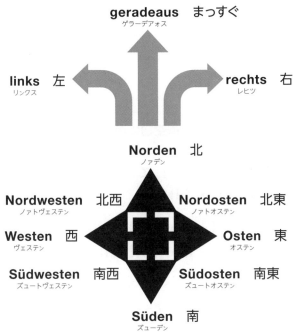

geradeaus　まっすぐ
ゲラーデアォス

links　左
リンクス

rechts　右
レヒツ

Norden　北
ノァデン

Nordwesten　北西
ノァトヴェステン

Nordosten　北東
ノァトオステン

Westen　西
ヴェステン

Osten　東
オステン

Südwesten　南西
ズュートヴェステン

Südosten　南東
ズュートオステン

Süden　南
ズューデン

Gehen Sie hier nach rechts / nach links / geradeaus.
ゲーエン　ズィー　ヒーァ　ナーハ　レヒツ　ナーハ　リンクス　ゲラーデアォス

ここを右に / 左に / まっすぐ行ってください。

Das Gewitter kommt von Südwesten.
ダス　ゲヴィター　コムト　フォン　ズュートヴェステン

雷雨が南西から近づいて来ています。

練習問題

練習1 日本語に合うドイツ語文が完成するよう、空欄に適切な前置詞を入れましょう。

1 ハンスは、1年前から日本語を習っている。

Hans lernt _____ einem Jahr Japanisch.

2 スイスへは車で行く。

Ich fahre in die Schweiz _____ dem Auto.

3 私は島の出身だ。

Ich komme _____ einer Insel.

4 私は、娘のための何かを探しています。

Ich suche etwas _____ meine Tochter.

練習2 日本語に合うように空欄に適切な語を入れましょう。

1 明日は、君たちは私抜きで行ってきてくれ。

Ihr geht morgen bitte _____ _____ .

2 駅へは、この公園（Ⓜ Park）を通り抜けたら速いです。

Zum Bahnhof kommt man _____ _____ Park schnell.

3 1週間（Ⓕ Woche）前からずっと、雨が降っている。

Es regnet _____ _____ Woche ständig.

4 彼は、両親（⨀ Eltern）と一緒にトルコに旅行する。

Er reist _____ _____ Eltern in die Türkei.

解答と解説

練習1

1 **<u>seit</u>**

2 **<u>mit</u>**

3 **<u>von</u>**

普通、出身を表すときは aus を使うが、aus は「～から外へ」の意味で、その裏には in の関係がある。しかし、島にいることは in ではなく auf を使うので(Einheit 23　練習1　3の解説を参照)、「～から」は von を使う。

4 **<u>für</u>**

練習2

1 **<u>ohne</u> <u>mich</u>**

ohne は4格支配。「私」の4格は mich。

2 **<u>durch</u> <u>den</u>**

durch は4格支配。「公園」は男性名詞。

3 **<u>seit</u> <u>einer</u>**

seit は3格支配。「週」は女性名詞。

4 **<u>mit</u> <u>seinen</u>**

mit は3格支配。「彼の両親」は seine Eltern で、3格なので seinen Eltern となる。

自動詞には、目的語を全くとらないもの、4格以外の目的語（2格目的語や3格目的語）をとるもののほかに、前置詞句をとるものがあります。

DL-52

❶ Meine Freunde warten auf mich.

マイネ　　　フロインデ　　ヴァァテン　アォフ　ミヒ

> auf 〜⁴ warten で「〜を待つ」

❷ Man fragt mich nach dem Weg.

マン　フラークト　ミヒ　ナーハ　デム　ヴェーク

> 人⁴ nach 〜³ fragen で「…に〜を尋ねる」

❸ Achten Sie bitte in Berlin auf

アッハテン　ズィー　ビッテ　イン　ベァリーン　アォフ

den Verkehr!

デン　　フェアケーァ

> auf 〜⁴ achten で「〜に注意する」

❹ Hier sind einige Fragen in

ヒーァ　ズィント　アィニゲ　フラーゲン　イン

Bezug auf die Aufgabe.

ベツーク　アォフ　ディー　アォフガーベ

> in Bezug auf 〜⁴ で「〜に関して・関連して」

学習のポイント

① 自動詞の性質

② 前置詞の核となる意味

③ 自動詞の受動化

日本語訳

❶ 友人たちが私を待ってくれています。

❷ 人が私に道を尋ねます。

❸ ベルリンでは交通に注意してください。

❹ ここに、課題に関する質問がいくつかあります。

Wortschatz

動詞

□ **achten** [áxtən]
アッハテン … 〜に [auf 〜⁴] 注意する

名詞

□ **Freund, - e** [frɔʏnt/-də]
フロィント　フロィンデ … **M** 友人

□ **Verkehr** [fɛrké:r] … **M** 交通
フェアケーァ

□ **Frage, - n** [frá:gə/-n]
フラーゲ　フラーゲン … **F** 質問

□ **Bezug** [bətsú:k] … **M** 関連
ベツーク

□ **Aufgabe** [áufga:ba] … **F** 課題
アォフガーベ

副詞

□ **einig** [áinɪç] … いくつかの
アィニヒ

音声
ダウンロード
付
DL-53

⚠ 公式 **71** 自動詞

　ドイツ語では、４格の目的語をとる動詞のみが他動詞で、それ以外の動詞はすべて**自動詞**です。自動詞には、目的語をとらない1項動詞 (→公式 13) も、目的語を1つとる2項動詞 (→公式 15 〜 16) もあります。２項動詞には、その目的語が3格のもの、あるいは公式 17 で見た通り、前置詞句をとるものも含まれます。

　例❶の warten (待つ) は、**auf 〜 ⁴** という前置詞句を必須成分とする２項動詞です。

　例❷の fragen (尋ねる) は、**fragen…⁴ nach 〜 ³** の形で「…に〜について質問する」という意味を持つ動詞で、３項動詞に分類されます。

　例❸の achten (注意する) も、warten と同じタイプです。

Passen Sie bitte auf den Verkehr auf!

　　パッセン　　ズィー　　ビッテ　　アォフ　　デン　　　フェアケーァ　　アォフ

　　　　　　　　　　　　　交通に気をつけてください。

⚠ 公式 **72** 前置詞の核となる意味

　例❶の warten、例❸の achten、例❹の Bezug は、すべて **auf** という前置詞とセットになっていますが、これは偶然ではありません。**auf 〜 ⁴ warten** は「〜の出現を待つ」、**auf 〜 ⁴ achten** は「意識を〜の上に落とす」、**Bezug auf 〜 ⁴** は「関連性を〜の上に置く」ということであり、auf の核となる意味である「上」から導かれたものです。このように、前置詞には核となる意味があり、熟語表現を覚えるときに役立ちます。

Der Zug fährt jetzt <u>durch</u> einen Tunnel.

　デァ　　ツーク　フェーァト　イェッツト　<u>ドゥァヒ</u>　　アィネン　　トゥネル

　　　　　　　　この列車は今トンネルを通っています。

Wir bummeln durch die Stadt.
ヴィーア　　　ブメルン　　ドゥァヒ　ディー　シュタット

私たちは町をあちこち散歩します。

Er erweitert seinen Horizont durch Reisen.
エーァ　エァヴァィタート　　ザィネン　　ホリツォント　　ドゥァヒ　　ライゼン

彼は旅を通じて視野を広げます。

❗ 公式 73 自動詞の受動化

　受動文（公式47）のところで、能動文の4格目的語が文の主体として取り立てられるのが受動文であることを確認しました。自動詞にはそのような（受動文の主語になることができる）4格目的語はありませんが、形式主語 es を使うことで、**受動化**はできます。例❶・❸を受動化してみましょう。

例❶：　**Meine Freunde warten auf mich.** （能動文）
　　　　マィネ　　　　フロインデ　　　ヴァーテン　アォフ　ミヒ

→ **Es wird von meinen Freunden auf**
　エス　ヴィアト　フォン　マィネン　　　フロィンデン　　アォフ

mich gewartet. （受動文）
ミヒ　　ゲヴァーテット

主語になれるものがないので形式主語 es が必要です。または、es を省略して、次の文です。

→ **Auf mich wird von meinen Freunden**
　アォフ　ミヒ　ヴィァト　フォン　　マィネン　　　フロィンデン

gewartet.
ゲヴァーテト

例❸：　**Achten Sie bitte auf den Verkehr!** （能動文）
　　　　アッハテン　ズィー　ビッテ　アォフ　デン　　フェァケーァ

→ **Es muss auf den Verkehr geachtet**
　エス　ムス　アォフ　デン　フェァケーァ　ゲアハテト

werden! （受動文）
ヴェァデン

✎ 練習問題

練習1　次の例を見て、下線部の前置詞の核となる意味を考えてみ
ましょう。

1 **Ich warte auf den Sommer.**　夏の到来を待つ。
Man muss auf den Verkehr achten.
　　　　　　　　　　　　　交通に気をつけなければならない。
Prosit auf unsere Zukunft!　私たちの未来を期して、乾杯！
auf ⇒

2 **Ich gehe um 23 Uhr ins Bett.**
　　　　　　　　　　私は、23 時になったら就寝する。
Es geht um Leben und Tod.　生死をめぐる問題だ（死活問題だ）。
Ich bitte dich um Hilfe!　君に手助けをめぐるお願いをする。
um ⇒

3 **Man muss auch mit dem Wetter rechnen.**
　　　　　　　　　　天気も計算に入れないといけない。
Wir beginnen mit der Diskussion.　議論を始めましょう。
Ich beschäftige mich mit dieser Frage.
　　　　　　　　　　　この疑問に取り組んでいる。
mit ⇒

練習2　能動文を受動文に直しましょう。

1 **Man muss auf den Verkehr achten.**
　　　　　　　　　　交通に気をつけなければならない。
→

2 **Man muss auch mit dem Wetter rechnen.**
　　　　　　　　　　天気も計算に入れないといけない。
→

3 **Wir beginnen mit der Diskussion.**　議論を始めます。
→

4 **Man warnt vor Taschendieben.**
　　　　　　　　　　人はスリへの注意喚起をする。
→

解答と解説

練習1

1 **auf** ⇒ ～の出現、上に姿を現すこと、～の上
   auf den Sommer warten 夏の到来
   auf den Verkehr achten 交通の上に目配り
   auf unsere Zukunft 未来を期して

2 **um** ⇒ ～の周りを、～をめぐって
   um 23 Uhr 23時近辺
   um Leben und Tod. 生死をめぐる
   um Hilfe 手助けをめぐる

3 **mit** ⇒ ～を抱えて・携えて、～を含めて
   mit dem Wetter rechnen 天気も含めて
   mit der Diskussion beginnen 議論を抱えて
   mit dieser Frage beschäftigt その疑問を抱えて

練習2

受動文は、受動の助動詞 werden ＋ 過去分詞。es は形式主語。

1 **Es muss auf den Verkehr geachtet werden.**
   または、**Auf den Verkehr muss geachtet werden.**

2 **Es muss auch mit dem Wetter gerechnet werden.**
   または、**Auch mit dem Wetter muss gerechnet werden.**

3 **Es wird mit der Diskussion begonnen.**
   または、**Mit der Diskussion wird begonnen.**

4 **Es wird vor Taschendieben gewarnt.**
   または、**Vor Taschendieben wird gewarnt.**

✏️ **復習ドリル**

練習1 空欄に、[　　] に示す語または語句を適切な形に変化
させて入れましょう。

1　あなたは、私なしで行ってもらってもいいです。

Sie können auch ohne _____ gehen. [ich]

2　君は、プラハまでバスで行くの?

Fährst du nach Prag mit _____? [der Bus]

3　私は、1年前からトルコ語を習っています。

Ich lerne seit _____ Türkisch. [ein Jahr]

4　彼は、彼の娘さんのために、本を1冊買います。

Er kauft für _____ ein Buch. [seine Tochter]

練習2 日本語に合うドイツ語文が完成するよう、次の各文の空欄
に適切な前置詞を入れましょう。

1　その女性は島の出身だ。

Die Frau kommt _____ einer Insel.

2　頭上高く、風船が飛んでいる。

_____ mich fliegt ein Luftballon.

3　公園を通っていけば、駅が見えます。

**Gehen Sie _____ den Park, dann
sehen Sie den Bahnhof.**

4　私の町は、ザルツブルクとリンツの間にあります。

Meine Stadt liegt _____ Salzburg und Linz.

形容詞・副詞編

　これまで、名詞、動詞、前置詞を用いた最小限の文構造を学び、また、それを現在形や過去形にすることで時制を動かしたり、話法の助動詞を使いながら気持ちや状況を述べたりする、ということを学んできました。最後は、さらに名詞に形容詞を添えて修飾したり、副詞を添えて動詞の様態を表したり、ということを学習します。これにより、さらに豊かな表現が可能になるでしょう。

Einheit 26

形容詞と副詞
▶空が青いです

形容詞は名詞を修飾し、副詞は動詞・形容詞・副詞を修飾するものとして用いられます。このユニットでは、形容詞と副詞の基本的な用法を学びます。

DL-54

❶ Der Himmel ist blau.
デァ　　　ヒンメル　　イスト　　ブラォ

> 「A は〜だ」という述語用法

❷ Dieses Jahr haben wir einen
ディーゼス　　ヤーァ　　ハーベン　　ヴィーァ　　アィネン
kühlen Sommer.
キューレン　　　ゾマァ

> 名詞を修飾する付加語用法

❸ Die Zeit vergeht schnell.
ディー　　ツァィト　　フェァゲート　　シュネル

> 動詞「(時が)過ぎる」を規定する副詞用法

❹ Er ist gestern aus Rücksicht
エーァ　イスト　　ゲスタン　　アォス　　リュックズィヒト
auf sein Baby sehr langsam
アォフ　　ザィン　　ベービー　　ゼーァ　　ラングザーム
auf der Autobahn gefahren.
アォフ　　デァ　　アォトバーン　　ゲファーレン

> 副詞が連続しており、その順序は「時・理由・様態・場所」

194

学習のポイント

① 形容詞の用法
② 副詞句の並べ方

日本語訳

❶ 空が青いです。

❷ 今年は冷夏だ。

❸ 時が過ぎるのは速い。

❹ 彼は昨日、赤ちゃんを心配して、高速道路をとてもゆっくり走った。

Wortschatz

動詞

☐ **vergehen** [fɛrgéːən] … 過ぎ去る
フェアゲーエン

名詞

☐ **Himmel** [hímǝl] … Ⓜ 空
ヒンメル

☐ **Sommer** [zɔ́mǝr] … Ⓜ 夏
ゾマァ

☐ **Zeit** [tsait] … Ⓕ 時間
ツァイト

☐ **Rücksicht, - e n** [rʏkzɪçt/-ən]
リュックズィヒト　　リュックズィヒテン
… Ⓕ 配慮

☐ **Baby, - s** [béːbi/s] … Ⓝ 赤ちゃん
ベービー　ベービース

☐ **Autobahn, -en** [áutobaːn/ən]
アォトバーン　　アォトバーネン
… Ⓕ 高速道路

形容詞

☐ **blau** [blau] … 青い
ブラォ

☐ **kühl** [kyːl] … 涼しい
キュール

副詞

☐ **gestern** [géstɒn] … 昨日
ゲスタン

☐ **langsam** [láŋzaːm] … ゆっくりと
ラングザーム

音声
ダウンロード
付
DL-55

！ 公式 74 形容詞の用法

形容詞には、主に次の3つの用法があります。

①述語用法

「AはBだ」の構文（→ Einheit 6）で、Bの部分に名詞の代わりに形容詞を入れることができます。Bに入る形容詞のことを「**述語形容詞**」といいます（例❶）。この述語形容詞はふつう語尾変化をしませんが、比較級を用いるときなどは特定の語尾がつきます（→ Einheit 27）。

Der Hund ist schwarz. その犬は黒い。
デア　　フント　イスト　　シュヴァーツ

Ich bin krank. 私は病気です。
イヒ　　ビン　　クランク

②付加語用法

付加語用法とは、例❷の「涼しい夏」や、「厚い本」「赤いカーペット」のように、名詞に直接添えられてその名詞を修飾するものです。付加語用法の形容詞は、名詞の性別や格、数に応じたシグナル語尾が付きます。これも Einheit 27 で扱います。

dickes Buch 厚い本
ディッケス　　ブーフ

roter Teppich 赤いカーペット
ロータァ　　　テピヒ

③副詞用法

ドイツ語の形容詞は、そのままの形で副詞として用いることができます。そのため、形容詞が副詞的に用いられている場合、形容詞の副詞的用法と呼びます。無変化で用いることができます（例❸）。

公式 75 副詞句の並べ方

　一つの動詞に対して、副詞（句）が複数添えられることは少なくありません。たとえば、「今日、雨のため、イベントは中止です。」や「来週、飛行機でベルリンに行きます。」などです。このように副詞（句）が複合的に使われる場合、ドイツ語では**「時」「理由・目的」「様態（どのように）」「場所」**の順に並べるのが自然です。

　「時」はその出来事全体の場面設定にかかわるため最も前に来やすく、「場所」は「行き先」がその典型で、枠構造を形成するものであり、最も後ろに来やすいからです。**時（temporal）、理由（kausal）、様態（modal）、場所（lokal）**の省略形を並べて、「TeKaMoLo の原則」という呼び方をすることもあります。例❹は、この TeKaMoLo の原則に則っていることがわかります。

Er ist gestern aus Rücksicht auf sein Baby

エーァ　イスト　　ゲスタン　　アォス　リュックズィヒト　アォフ　ザィン　ベービー
　　　　　　　　　　1　　　　2

1 時：昨日　　**2 理由**：赤ちゃんを心配して

sehr langsam auf der Autobahn gefahren.

ゼーァ　　　ラングザーム　アォフ　デァ　　アォトバーン　　ゲファーレン
　3　　　　　　　　　　　4

3 様態：とてもゆっくり　　**4 場所**：高速道路を（走行した）

練習問題

練習1 下線部の用法は、①述語用法、②付加語用法、③副詞用法のどれでしょうか。

1 Heute sieht man den blauen Himmel.

今日は青空が見える。（　　）

2 Ich habe die Wand blau gestrichen.

私は、壁を青色に塗った。（　　）

3 Der Himmel ist blau. 空は青い。（　　）

4 Kommen Sie schnell zu mir!

急いで私のところに来てください。（　　）

練習2 次の｛　｝に示す語句を適切な語順で並べ替えて、日本語に合うドイツ語の文を完成させましょう。

1 私は、公園を通り抜けて、駅に行く。

{ den Park / durch / gehe / ich / zum Bahnhof }.

_____

2 私たちは、明日、バスでプラハに行きます。

{ dem Bus / fahren / mit / morgen / nach Prag / wir }.

_____

3 私は、娘のために、早く家に帰ります。

{ früh / für / gehe / ich / meine Tochter / nach Hause }.

_____

解答と解説

練習1

1 名詞句の中に入っているので②付加語用法

2 壁を塗る様子を述べているので①述語用法（壁＝青い）。

3 「A は B だ」構文の述語に当たるので①述語用法。

4 「私のところに来る」ということを修飾するので③副詞用法。

練習2

1 **Ich gehe durch den Park zum Bahnhof.**
どうやって (modal) - どこへ (lokal)

2 **Wir fahren morgen mit dem Bus nach Prag.**
いつ (temporal) - どうやって (modal) - どこへ (lokal)

3 **Ich gehe für meine Tochter früh nach Hause.**
理由 (kausal) - どのように (modal) - どこへ (lokal)

形容詞の格変化と比較表現
▶この焼きたてのパンはおいしい

このユニットでは、形容詞の変化形を扱います。形容詞には付加語用法における格変化があります。また、述語用法・副詞用法の場合も、比較級や最上級として形が変わる面があります。

音声
ダウンロード
付

DL-56

❶ Das frische Brot schmeckt gut.

ダス　　フリッシェ　　ブロート　　シュメックト　　グート

中性名詞1格の弱変化語尾

❷ Heute ist es kälter als gestern.

ホイテ　イスト　エス　　ケルター　　アルス　　ゲスタン

述語用法の形容詞 kalt の比較級

❸ In Tokio kostet alles mehr als

イン　　トキオ　　コステット　　アレス　　メーァ　　アルス

in Berlin.

イン　　ベァリーン

動詞 kosten の目的語となる数詞 viel の比較級

❹ Ich bin in meiner Familie am

イヒ　　ビン　　イン　　マィナァ　　ファミーリエ　　アム

größten.

グレーステン

述語用法の形容詞の最上級

学習のポイント

① 形容詞の格変化
② 比較級と最上級

日本語訳

❶ この焼きたてのパンはおいしい。

❷ 今日は昨日よりも寒い。

❸ 東京では、ベルリンよりも何もかも物価が高い。

❹ 私は家族の中で一番背が高いです。

Wortschatz

動詞

□ **kosten** [kɔ́stən] … 費用が～である
コステン

名詞

□ **Brot, -e** [broːt/-ə] … **N** パン
ブロート　ブローテ

□ **Familie, - n** [famíːliə/-n]
ファミーリエ　ファミーリエン … **F** 家族

形容詞

□ **kalt - kälter - kältest**
カルト　　ケルター　　ケルテスト
[kalt] [kéltɐ] [kéltəst] … 寒い

□ **viel - mehr - meist**
フィール　メーァ　　マイスト
[fiːl] [meːɐ] [máist] … 多い

□ **frisch - frischer - frischst**
フリッシュ　　フリッシャー　　フリッシュスト
[frɪʃ] [frɪʃɐ] [frɪʃst] … 新鮮な

□ **groß - größer - größt**
グロース　　グレーサー　　グレースト
[groːs] [grǿːsɐ] [grǿːstə] … 背が高い・大きい

音声
ダウンロード
付

DL-57

!) 公式 76 形容詞の格変化

名詞の性別・格・数の情報を示すものが形容詞しかない場合、形容詞がシグナル語尾 (→公式 52) を担います。シグナル語尾は次の通りです。

	単数			複数
	男性名詞	中性名詞	女性名詞	
1格	**-er**	**-es**	**-e**	**-e**
2格	**-es**	**-es**	**-er**	**-er**
3格	**-em**	**-em**	**-er**	**-en**
4格	**-en**	**-es**	**-e**	**-e**

名詞が不可算名詞 (1、2…と数えられないもの) で冠詞がつかない場合、形容詞があれば形容詞がシグナル変化をします。

kalter Kaffee　冷たいコーヒー
カルター　　カフェー
▶男性名詞1格のシグナル -er

warmes Essen　火を使った温かい料理
ヴァァメス　　エッセン
▶中性名詞1格のシグナル -es

また、次の例では可算名詞に冠詞がついていますが、男性名詞1格と中性名詞1格・4格の不定冠詞は語尾がない (公式 62) ため、形容詞がシグナル変化をします。

ein junger Mann　一人の若い男性
アイン　ユンガァ　　マン

一方、冠詞がシグナル語尾を担っている場合は、形容詞には弱い語尾のみが付きます (**弱変化語尾**)。次の通りです。

	単数			複数
	男性名詞	中性名詞	女性名詞	
1格	-e	-e	-e	-en
2格	-en	-en	-en	-en
3格	-en	-en	-en	-en
4格	-en	-e	-e	-en

　赤字のところのみ（単数形のすべての1格、中性名詞と女性名詞の4格）語尾が -e で、ほかはすべて-en です。例❶の das frische Brot は、中性名詞 Brot に添えられた定冠詞に das というシグナル語尾（中性名詞1格）がついているため、形容詞 frische は弱変化です。

ein weißer Hund　（1匹の）白い犬
アイン　　ヴァイサァ　　　フント　　　　　　　　　▶形容詞のシグナル語尾 –er

der weiße Hund　その白い犬
デァ　　ヴァイセ　　　フント　　　　　　　　　　▶形容詞の弱変化語尾　-e

❗公式 77 比較級と最上級

形容詞や副詞には、比較級や最上級を用いた表現があります。

《比較級》
　比較級は、形容詞の原級（元の形）に -er をつけますが、この -er がウムラォトを引き起こすため、ごく一部の例外（klar「明らかな」など）を除き、単音節の形容詞は幹母音が変音します。
　例❷の kälter は原級が kalt で、比較対象には als という接続詞を用います。❸も、als を用いて、東京とベルリンを比較しています。例❸で使われている比較級は mehr で、原級は viel です（不規則な変化です）。viel kosten で「値段が高い」という意味です。この viel は副詞的に用いられています。

また、比較級となった形容詞が、さらに付加語用法（公式74）で格変化をすることもあります。

ein besserer Tag　よりよい一日
アイン　　ベッサラァ　　ターク

《最上級》

　最上級は、形容詞の原級に -st をつけます。また、比較級と同様、単音節の形容詞では幹母音が変音します。kalt の最上級は kältest です。最上級は、次の①のような付加語用法の中で語尾変化をするのはもちろんですが、②の述語用法や③の副詞的用法では am ---sten の形となります。

① Heute war der kälteste Tag im Jahr.
ホィテ　　ヴァァ　デァ　　ケルテステ　　ターク　イム　ヤーァ

今日は一年で一番寒い日だった。

② Ich bin in meiner Familie am größten. (＝例❸)
イヒ　ビン　イン　マィナァ　ファミーリエ　アム　グレーステン

③ Hans läuft in seiner Klasse am schnellsten.
ハンス　ロィフト　イン　ザィナァ　クラッセ　アム　シュネルステン

ハンスはクラスで一番走るのが速い。

　不規則な比較級・最上級をつくる代表的なものに、以下の例があります。

形容詞	比較級	最上級
gut （よい）	besser	best
gern （好んで）	lieber	liebst
viel （多い）	mehr	meist

Am besten mache ich nichts.
アム　　ベステン　　マッヘ　イヒ　　ニヒツ

一番いいのは、私は何もしないことだ。

Ich esse lieber Reis als Brot.
イヒ　エッセ　リーバァ　ラィス　アルス　ブロート

私はパンより米のほうが好きだ。

In Österreich wohnt man <u>am meisten</u> in Wien.

イン　エースタァライヒ　ヴォーント　マン　アム　マイステン　イン　ヴィーン

オーストリアで一番たくさん人が住んでいるのはウィーンだ。

ドイツ語の色の表現

ドイツ語の主な色の表現は次の通りです。色の名称は、いずれも中性名詞です。

赤い	**rot** ロート	赤色	**das Rot**
青い	**blau** ブラォ	青色	**das Blau**
黄色い	**gelb** ゲルプ	黄色	**das Gelb**
黒い	**schwarz** シュヴァーツ	黒色	**das Schwarz**
緑の	**grün** グリューン	緑色	**das Grün**
茶色の	**braun** ブラォン	茶色	**das Braun**

blau と **braun** は、l と r の発音の区別が難しいですが、**braun** のほうは **-n** があることで言い分け・聞き分けます（**ein brauner Stift**「茶色のペン」と **ein blauer Stift**「青いペン」で練習してみましょう）。

練習問題

練習1 ［　　　］内の形容詞を適切な形に変えて空欄に入れましょう。

1 私たちは、今日は青空が見えている。

Wir schauen heute den ＿＿＿＿ Himmel. ［ blau ］

2 私は、いつも焼きたてのパンを買っている。

Ich kaufe immer ein ＿＿＿＿ Brot. ［ frisch ］

3 私たちは、その勇気のある人々に感謝した。

Wir haben den ＿＿＿＿ Leuten gedankt. ［ mutig ］

4 私の兄は、ドイツ人女性と結婚した。

Mein Bruder hat eine ＿＿＿＿ Frau geheiratet. ［ deutsch ］

練習2 日本語に合うように空欄に適切な語を入れましょう。

1 私は、家族の中で一番年長です。

Ich bin in meiner Familie am ＿＿＿＿.

2 オーストリアは北海道とほぼ同じ大きさだ。

Österreich ist so ＿＿＿＿ wie Hokkaido.

3 東京には、オーストリア全体よりも多くの人が住んでいる。

In Tokio wohnen ＿＿＿＿ Leute als in ganz Österreich.

4 グロースグロックナーはオーストリアの最高峰だ。

Großglockner ist der ＿＿＿＿ Berg Österreichs.

解答と解説

練習1

1 blauen

男性名詞4格のシグナル語尾は d<u>en</u> に現れており、形容詞は弱変化。

2 frisches

中性名詞4格のシグナル語尾が不定冠詞 ein には現れていないので、形容詞にシグナル語尾 -es が必要。なお、4格で不定冠詞が ein なので、Brot が中性名詞とわかる。

3 mutigen

複数形3格のシグナル語尾は d<u>en</u> に現れており、形容詞は弱変化。

4 deutsche

女性名詞4格のシグナル語尾は ein<u>e</u> に現れており、形容詞は弱変化。

練習2

1 ältesten

alt の比較級は älter、最上級は ältest。

2 groß

比較して同等、なので、原級（ここでは groß）を用いる。so 原級 wie ～ で「～と同等に〇〇な」という表現なので覚えておくとよい。

3 mehr

viel の比較級は mehr、最上級は meist。mehr は無語尾で用いる。

4 höchste

hoch の比較級は höher、最上級は höchst。男性名詞1格のシグナル語尾は d<u>er</u> に現れており、形容詞は弱変化。

復習ドリル

練習1　下線部を [　] に示すものに置き換えるとき、空欄に入る
語句を適切な形で答えましょう。

1　**Da steht eine junge Frau. [Mann]**

→ **Da steht** _____ **Mann.**

2　**Ich kaufe eine rote Krawatte. [Wein / M]**

→ **Ich kaufe** _____ **Wein.**

3　**Wir haben einen deutschen Hund. [Auto / N]**

→ **Wir haben** _____ **Auto.**

4　**Ich helfe einem kleinen Kind. [Kinder]**

→ **Wir helfen** _____ **Kindern.**

練習2　次の日本語に合うドイツ語文が完成するよう、{　} の中
の語句を並べ替えましょう。なお、文頭に来る語も小文字
で示してあります。

1　一番いいのは、私たちは何もしないことだ。

{ am / besten / machen / nichts / wir }.

_____

2　今年の一番寒い日は、元旦で、マイナス19℃だった。

{ der / der / des / kälteste / Jahres / Neujahrstag / Tag / war }
（元旦）

_____

_____ **mit minus 19 Grad.**

Kaffeepause

序数詞について

　身分証明のために自分の誕生日を言ったり、電車の一等車や二等車の区別をしたりするような場面で、序数詞（「〜番目の」や「第〜の」）が必要になることもあります。

　ドイツ語の序数詞は、1 〜 19 までの数字（数詞）には **-t** を付け、20 以上の数字には **-st** を付けて表します。

　2 **zwei** → 2. **zweit**、11 **elf** → 11. **elft**、20 **zwanzig** →

20. **zwanzigst**、31 **einunddreißig** → 31. **einunddreißigst**
という具合です（数詞の後ろに **Punkt** (.) を打つと、序数になります）。

　なお、次のものは不規則です。

1 **eins** → 1. **erst**　　3 **drei** → 3. **dritt**　　7 **sieben** → 7. **siebt**

8 **acht** → 8. **acht**

　カレンダー日にちの言い方は、次のようになります。

7月1日 **der erste**　　5日 **der fünfte**　　10日 **der zehnte**

　　　15日 **der fünfzehnte**　　20日 **der zwanzigste**

　　　25日 **der fünfundzwanzigste**　　30日 **der dreißigste**

　　　31日 **der einunddreißigste Juli**

　また、会話で誕生日などの日付を言うときには、**Tag** を修飾する形容詞として振る舞うため、形容詞の格変化（公式 76）をします。たとえば、1980 年 1 月 31 日が誕生日なら、

Mein Geburtstag ist der einunddreißigste [Tag] Januar 1980.
　　　　ゲブァツターク　　　　　　　　アィンウントドゥラィスィヒステ
となります。下線部が形容詞の格変化語尾です。

　西暦 1980 年は **neunzehnhundertachtzig** と読みます（ちなみに
　　　　　　　　　　　　ノインツェーンフンダートアハツィヒ
2001 年は **zweitausendeins** です）。
　　　ツヴァイタウゼントアィンス

復習ドリルの解答

E4 〜 E9
練習 1　1. nicht oft Zeitungen lesen　　2. nicht gern Fisch essen
　　　　　3. das nicht machen　　4. was nicht essen
練習 2　1. ① Sie lesen nicht oft Zeitungen.
　　　　　　② Lesen Sie nicht oft Zeitungen?
　　　　　2. ① Sie essen nicht gern Fisch.
　　　　　　② Essen Sie nicht gern Fisch?
　　　　　3. ① Sie machen das nicht. ② Machen Sie das nicht?
　　　　　4. ① なし　② Was essen Sie nicht?
練習 3　1. 3格　　2. 4格　　3. 1格　　4. 3格　　5. 1格　　6. 3格
練習 4　1. auf　　2. in　　3. nach

E10 〜 E13
練習 1　1. stellte　　2. warten　　3. antwortete　　4. getanzt
　　　　　5. jobben　　6. gereist
練習 2　1. ist　　2. hat　　3. bin　　4. Sind　　5. Hast
練習 3　1. hilft　　2. fährt　　3. schläft　　4. liest　　5. nimmt
練習 4　1. Hans wartet auf Sie.　　2. Wohin reist du?
　　　　　3. Hast du Durst?　　4. Wo arbeitet Annika?
　　　　　5. Seid ihr Japaner?　　6. Tanzt du gern?

E14 〜 E17
練習 1　1. Ich jobbe.　　2. Ich habe auf Sie gewartet.
　　　　　3. Sie antwortet auf mich nicht.　　4. Sie tanzte gern.
　　　　　5. Annika fährt nach Berlin.　　6. Hans half Annika.
練習 2　1. In Österreich wird Deutsch gesprochen.
　　　　　2. Man hilft Hans.　　3. Annika wird gedankt.
　　　　　4. Im Kino trinkt man Cola sehr oft / sehr oft Cola.
練習 3　1. Hans kann sehr gut kochen.

2. Wir lassen Hans Japanisch lernen.

3. Man darf hier nicht parken.

4. Du musst heute nicht kommen.

5. Ich will in die Türkei reisen.

練習 4 1. fahren ... ab   2. komme ... an   3. stehen ... auf

E18 ～ 22

練習 1 1. Die Katze – sie   2. Das Buch – es   3. das Haus – Es

4. Der Mann – ihn

練習 2 1. In meiner Klasse ist <u>kein</u> Mann.

2. Heute kommt Hans <u>nicht</u>.

3. Ich gebe <u>keiner</u> Frau Blumen.

4. Auf der Straße sehe ich <u>kein</u> Kind.

練習 3 1. Wir schenken <u>ihm</u> ein Buch.

2. Ich gebe <u>es</u> einem Kind.

3. Geben Sie <u>sie</u> mir?

4. Wir haben <u>es</u> <u>ihm</u> geschenkt.

5. Habt ihr <u>ihr</u> geholfen?

練習 4 1. Der Mann der Frau ist mein Lehrer.

2. Ich habe dem Kind des Mannes gedankt.

E23 ～ E25

練習 1 1. mich   2. dem Bus   3. einem Jahr   4. seine Tochter

練習 2 1. von   2. Über   3. durch   4. zwischen

E26 ～ E27

練習 1 1. ein junger (Mann)   2. einen roten (Wein)

3. ein deutsches (Auto)   4. kleinen (Kindern)

練習 2 1. Am besten machen wir nichts.

2. Der kälteste Tag des Jahres war der Neujahrstag (mit minus 19 Grad.)

文法公式一覧

Einheit1 ～ 27 で紹介した文法公式を一覧にしました。
忘れた項目はもう一度、各ページに戻って復習しておきましょう。

さくいん（和独）

本編で扱われている主な語句を取り上げました（文字と発音編を除く）。

単語リスト

本編で扱っていないものも含め、覚えておきたい基本的な語を集めました。

※数詞や色の名称などはコラムで扱っています。あわせてご覧ください。

☐ Abend	**M**	晩		☐ bitte		どうぞ
☐ Abendessen	**N**	夕食		☐ Blume	**F**	花
☐ aber		しかし		☐ brauchen		～を必要とする
☐ alt		古い		☐ Brille	**F**	めがね
☐ an		～に接して		☐ bringen		持っていく
☐ ander-		ほかの		☐ Brot	**N**	パン
☐ ändern		変える		☐ Bruder	**M**	兄、弟
☐ an|fangen		始める		☐ Buch	**N**	本
☐ an|kommen		到着する		☐ Büro	**N**	オフィス
☐ an|rufen		電話をかける		☐ Bus	**M**	バス
☐ antworten		答える		☐ da		そこ (に)
☐ Apfel	**M**	リンゴ		☐ danken		感謝する
☐ arbeiten		働く		☐ dann		それから
☐ Arzt (女 Ärztin)	**MF**	医者		☐ das		これ、あれ
☐ auf		～の上で		☐ dein		君の
☐ Aufgabe	**F**	課題		☐ der		その
☐ aus		～の中から		☐ deutsch		ドイツ (人) の
☐ Ausland	**N**	外国		☐ Deutsch	**N**	ドイツ語
☐ Ausfahrt	**F**	出発		☐ Deutschland	**N**	ドイツ
☐ Auto	**N**	自動車		☐ dick		厚い
☐ Bad	**N**	浴室		☐ dieser		この、あの
☐ Bahnhof	**M**	駅		☐ doch		しかし
☐ bald		すぐに		☐ dort		あそこに
☐ Baum	**M**	木		☐ du		君は
☐ beginnen		始める		☐ Ei	**N**	卵
☐ bei		～のそばで		☐ einfach		簡単な
☐ beide		両方の		☐ Eingang	**M**	入口
☐ bekannt		有名な		☐ Ende	**N**	終わり
☐ benutzen		使う		☐ entscheiden		決める
☐ Beruf	**M**	職業		☐ entschuldigen		許す
☐ bestellen		注文する		☐ er		彼は
☐ besuchen		訪問する		☐ es		それは
☐ Bett	**N**	ベッド		☐ essen		食べる
☐ Bier	**N**	ビール		☐ euer		君たちの
☐ Bild	**N**	絵		☐ fahren		(乗り物で) 行く
☐ Bibliothek	**F**	図書館		☐ Fahrkarte	**F**	チケット
☐ billig		安い		☐ Fahrrad	**N**	自転車
☐ bis		～まで		☐ fallen		落ちる

falsch		間違った	hinter		～の後ろで
Familie	F	家族	hoch		高い
Fenster	N	窓	holen		持ってくる
Film	M	映画	hören		聞く
finden		見つける	Hotel	N	ホテル
Firma	F	会社	Hund	M	犬
Fisch	M	魚	ich		私は
Fleisch	N	肉	ihr		君たちは
fliegen		飛ぶ	ihr		彼女の・彼女に
Fisch	M	魚	ihr		彼らの
Flugzeug	N	飛行機	Ihr		あなた (たち) の
Fluss	M	川	immer		いつも
Foto	N	写真	in		～の中で
Frage	F	質問	interessant		面白い
fragen		尋ねる	ja		はい
Freund (女 -in)	M F	友達	Japan	N	日本
freundlich		親切な	Japanisch	N	日本人、日本語
früh		早い	jetzt		今
Frühling	M	春	Junge	M	男の子
Frühstück	N	朝食	Kaffee	M	コーヒー
für		～のために	kalt		寒い・冷たい
Fuß	M	足	Käse	M	チーズ
ganz		全部の	Kathedrale	F	大聖堂 (Dom)
geben		与える	Katze	F	猫
gefährlich		危ない	kaufen		買う
gehen		(歩いて) 行く	kein		(一つも) …ない
Geld	N	お金	kennen		知っている
Gemüse	N	野菜	Kind	N	子供
genug		十分に	Klasse	F	授業・クラス
Geschäft	N	店	Kleidung	F	服
gestern		昨日	klein		小さい
gesund		健康な	kochen		料理する
Glas	N	グラス	kommen		来る
gleich		同じ	können		～できる
groß		大きい	kosten		(値段は) である
gut		良い	köstlich		おいしい
haben		持っている	kurz		短い
halb		半分の	Laden	M	店
Handy	N	携帯電話	lang		長い
Herbst	M	秋	langsam		ゆっくりな
Haus	N	家	laut		(音・声が) 大きい
heiß		熱い・暑い	Lehrer (女 -in)	M F	先生、教師
helfen		手伝う	Lebensmittel	N	食料品
heute		今日	leicht		軽い
hier		ここに	lernen		学ぶ

☐ lesen		読む
☐ letzte-		最後の
☐ Leute	複	人々
☐ lieben		愛する
☐ machen		する
☐ Mädchen	N	女の子
☐ Mahlzeit	F	食事時間
☐ man		人は
☐ manchmal		ときどき
☐ Mann	M	男
☐ Medizin	F	薬
☐ mein		私の
☐ meinen		思う
☐ mit		～と・～を使って
☐ Mitarbeiter (女 -in)		
	M F	会社員
☐ Mittagessen	N	昼食
☐ möchte		～したい
☐ mögen		～が好きだ
☐ morgen		明日
☐ Morgen	M	朝
☐ Müll	M	ごみ
☐ Musik	F	音楽
☐ Mutter	F	母
☐ nach		～の後で
☐ Nachrichten	複	ニュース
☐ Nachmittag	M	午後
☐ nächst		次の
☐ Nacht	F	夜
☐ Name	M	名前
☐ neben		～の横に
☐ nehmen		取る
☐ nein		いいえ
☐ neu		新しい
☐ nicht		～ない
☐ nun		今
☐ Obst	N	果物
☐ oder		または
☐ öffnen		開く
☐ oft		しばしば
☐ Österreich	N	オーストリア
☐ Platz	M	広場
☐ Polizei	F	警察
☐ Problem	N	問題
☐ Prüfung	F	試験

☐ Regen	M	雨
☐ reisen		旅行する
☐ Restaurant	N	レストラン
☐ rufen		呼ぶ
☐ sagen		言う
☐ Salz	N	塩
☐ schenken		贈る
☐ schicken		送る
☐ schlecht		悪い
☐ schließen		閉める
☐ schnell		速い
☐ schon		もう
☐ schön		美しい
☐ schreiben		書く
☐ Schuh	M	靴
☐ Schule	F	学校
☐ Schüler (女 -in)	M F	生徒
☐ Schweiz	F	スイス
☐ Schwester	F	姉、妹
☐ schwierig		難しい
☐ sehen		見る
☐ sehr		とても
☐ sein		彼の、それの
☐ sein		～である
☐ sicher		確実な、安全な
☐ sie		彼女は・を
☐ sie		彼らは・を
☐ Sie		あなた(たち)は・を
☐ singen		歌う
☐ so		そう
☐ sofort		すぐに
☐ Sohn	M	息子
☐ Sommer	M	夏
☐ spät		遅い
☐ sprechen		話す
☐ still		静かな
☐ Student (女 -in)	M F	大学生
☐ Tasche	F	かばん
☐ Tee	M	お茶
☐ Telefon	N	電話
☐ teuer		(値段が) 高い
☐ tief		深い
☐ Tisch	M	テーブル
☐ Tochter	F	娘
☐ Toilette	F	トイレ

□ treffen		会う	
□ trinken		飲む	
□ tun		する	
□ Tür	F	ドア	
□ U-Bahn	F	地下鉄	
□ über		～の上方で	
□ Uhr	F	時計	
□ um		～の周りを	
□ und		そして	
□ Universität	F	大学	
□ unser		私たちの	
□ unter		～の下で	
□ Vater	M	父	
□ verkaufen		売る	
□ verstehen		理解する	
□ viel		多くの	
□ von		～から	
□ vor		～の前で	
□ Vormittag	M	午前	
□ Wagen	M	自動車	
□ während		～の間に	
□ Wald	M	森	
□ wann		いつ	
□ warm		暖かい	
□ warten		待つ	
□ warum		なぜ	
□ was		何が、何を	
□ Wasser	N	水	
□ Weg	M	道	
□ Wein	M	ワイン	
□ weit		広い・遠い	
□ wenig		少しの	
□ wer		誰が	
□ wichtig		重要な	
□ wie		どのように	
□ wieder		再び	
□ Winter	M	冬	
□ wir		私たちは	
□ wirklich		本当に	
□ wissen		知っている	
□ wo		どこに	
□ Woche	F	週	
□ woher		どこから	
□ wohin		どこへ	
□ wohnen		住んでいる	

□ wollen		～したい	
□ Wörterbuch	N	辞書	
□ zahlen		払う	
□ Zeit	F	時間	
□ Zimmer	N	部屋	
□ zu ～へ			
□ Zucker	M	砂糖	
□ zusammen		一緒に	
□ zwischen		～の間で	

●監修者紹介

田中 雅敏（たなか　まさとし）

広島大学大学院博士課程修了。専門はドイツ言語学・ドイツ語教授法。ポツダム大学、ザルツブルク大学などで在外研究。現在、東洋大学法学部教授。

著書に『わたしのドイツ語』『中級学習者のためのドイツ語質問箱 100の疑問』（白水社）、『講座ドイツ言語学』第1巻（ひつじ書房、共著）など。

2016年10月〜12月（第1期）、および2018年10月〜2019年3月（第2期）にNHKラジオ講座「まいにちドイツ語」応用編「ドイツ語発見の旅1・2」を担当。

カバーデザイン	滝デザイン事務所
本文レイアウト・デザイン	江口うり子（アレピエ）
本文／DTP	平田文普
カバーイラスト	近藤圭恵
本文イラスト	近藤圭恵／おのみさ
編集協力	田中晴美
音声録音・編集	一般財団法人 英語教育協議会（ELEC）
ナレーション（日本語）	茜月祐衣香
ナレーション（ドイツ語）	

BEIER-TAGUCHI Diana…現在、東京藝術大学言語・音声トレーニングセンター助教。ドイツ語指導のほか、NHKラジオや放送大学の講座への出演経験も豊富。

KRAUS Manuel…現在、早稲田大学准教授。ドイツ語指導・教材制作・ドイツ語検定試験委員など、幅広く活動。

ご意見・ご感想は下記のURLまでお寄せください。
https://www.jresearch.co.jp/contact/

ゼロからスタート ドイツ語 文法編

令和3年（2021年）6月10日 初版第1刷発行
令和4年（2022年）2月10日　　　第2刷発行

著　者	田中雅敏
発行人	福田富与
発行所	有限会社Jリサーチ出版
	〒166-0002　東京都杉並区高円寺北2-29-14-705
	電　話 03(6808)8801(代)　FAX 03(5364)5310
	編集部 03(6808)8806
	https://www.jresearch.co.jp
	Twitter公式アカウント @Jresearch_　https://twitter.com/Jresearch
印刷所	株式会社シナノ パブリッシング プレス

ISBN 978-4-86392-519-9　禁無断転載。なお、乱丁・落丁はお取り替えいたします。
©2021 Masatoshi Tanaka All rights reserved. Printed in Japan